海外子会社の意思決定
―グローバル化時代の海外戦略―

水戸康夫［著］

創成社

はじめに

　現在はグローバル時代とよばれており，多くのものが輸出され，多くのものを輸入している。このようなグローバル時代においては，対外直接投資も多く行われており，海外子会社，海外孫会社などの海外現地法人が多く設立されている。

　企業が海外子会社だけではなく，海外孫会社をも設立する理由はどのようなものなのであろうか。海外現地法人を統括するために，地域統括会社を設立することや，国際税務戦略（合法的な節税や移転価格税制などに関わる戦略）の必要上，形式的に，海外孫会社を設立することは，イメージしやすい。それでは，この2つの目的以外にも，海外孫会社は設立されているのであろうか。

　現時点では，海外孫会社の設立目的や，設立国・地域，そして特徴についての基礎的な研究ですら，未だほとんど行われていない。

　このような状況において，本書は2つのメッセージを伝えることを目的としている。

　1つ目は，海外孫会社に注目すべきであるというメッセージである。まず，海外孫会社は予想以上に多く設立されているという現状を明らかにする。その上で，海外孫会社がどのような国・地域に多く設立されているのか，海外孫会社の特徴（製造機能を目的とするのか，販売機能を目的とするのかなど）はどのようなものかも明らかにする。海外孫会社が多く設立されている現在，海外孫会社を理解することは，今後の日本企業や日本経済の方向性を予想する上で重要である。

　2つ目は，海外子会社の意思決定に注目すべきであるというメッセージである。これまでは，海外子会社の意思決定については，ほとんど考慮されてこなかった。暗黙に，本社の指示にしたがうと想定されていたからである。1980年代後半からは，本社と海外子会社との関係は上下関係ではなく，水平的なネットワークとなるべきであるという視点に基づく研究が見られるようになった。

海外子会社の役割に注目した研究も見られるようになった。しかし，海外子会社独自の意思決定が存在していることを前提とした研究は，ほとんど存在していない。

現在，自発性を発揮する海外子会社は存在しており，その増加に伴い，海外子会社の意思決定に注目した研究が必要とされている。

本書では，本社から与えられた役割あるいは権限から逸脱して，自発性を発揮する海外子会社の意志決定についての検討を行う。海外孫会社設立に関わる意思決定についての検討前段階として，自発性発揮についての検討が必要なためである。

本書の内容を紹介していく。1章2章では，海外孫会社に注目して，対外直接投資理論や対外直接投資に関わる概説を行う。3章～7章においては，中国・ASEAN4・アジアNIES・ヨーロッパ・アメリカに進出している海外現地法人における特徴の紹介および分析を行う。8章では，海外子会社独自の意思決定に基づく行動がありうることを前提として，富士ゼロックス事例の説明や分析を行う。9章では，富士ゼロックス事例以外にも，海外子会社独自の意思決定に基づいて行動する事例の存在することを示す。10章では，本社が，独自の意思決定に基づく行動を行う海外子会社を適切に管理するために，海外子会社の自発性を組み込んだ指示を行うポスト・トランスナショナル企業となることを提案する。11章では，今後の課題を提示する。

活躍されているビジネスマンの方々に，いろいろお話を聞くことができ，今後の課題点を明確にすることができた。沖縄国際大学の宮城和宏先生や九州共立大学ゲーム理論研究会の先生方にはお世話になった。感謝の意を表したい。

2016年2月

水戸康夫

目　次

はじめに

第1部　海外子会社が行う対外直接投資

第1章　海外子会社に注目しての直接投資理論 ―― 3

- 1－1　はじめに ………………………………………………… 3
- 1－2　直接投資の有力理論：ハイマーの理論 ……………… 3
- 1－3　直接投資の有力理論：「経営資源」仮説 …………… 5
- 1－4　直接投資の有力理論：内部化理論 …………………… 6
- 1－5　直接投資の有力理論：OLIパラダイム ……………… 8
- 1－6　直接投資の理論：プロダクト・サイクル理論 ……… 9
- 1－7　直接投資の理論：アハロニーの理論 ………………… 11

第2章　海外子会社に注目しての対外直接投資概説 ―― 15

- 2－1　はじめに ………………………………………………… 15
- 2－2　輸出の時代：1951年～1971年 ……………………… 15
- 2－3　海外子会社の時代：1972年～1985年（プラザ合意前）… 16
- 2－4　海外孫会社の時代：1985年（プラザ合意以降）～現在 … 18

第2部　日本企業の対外直接投資により設立された「海外子会社」と「海外孫会社」

第3章　中国（上海市，広東省，江蘇省）への対外直接投資により設立された「海外孫会社」と「海外子会社」 ―― 25

- 3－1　はじめに ………………………………………………… 25
- 3－2　「海外孫会社」と「海外子会社」の特徴 ……………… 26
- 3－3　まとめ …………………………………………………… 33

第 4 章 ASEAN 4（タイ，インドネシア，マレーシア，フィリピン）への対外直接投資により設立された「海外孫会社」と「海外子会社」―― 35

4 − 1　はじめに ………………………………………………… 35
4 − 2　「海外孫会社」と「海外子会社」の特徴 ……………… 36
4 − 3　まとめ ………………………………………………… 43

第 5 章 アジア NIES（韓国，台湾，香港，シンガポール）への対外直接投資により設立された「海外孫会社」と「海外子会社」―― 46

5 − 1　はじめに ………………………………………………… 46
5 − 2　「海外孫会社」と「海外子会社」の特徴 ……………… 47
5 − 3　まとめ ………………………………………………… 54

第 6 章 ヨーロッパ（イギリス，ドイツ，オランダ）への対外直接投資により設立された「海外孫会社」と「海外子会社」―― 56

6 − 1　はじめに ………………………………………………… 56
6 − 2　「海外孫会社」と「海外子会社」の特徴 ……………… 57
6 − 3　まとめ ………………………………………………… 64

第 7 章 アメリカ（カリフォルニア，ニューヨーク，イリノイ）への対外直接投資により設立された「海外孫会社」と「海外子会社」―― 65

7 − 1　はじめに ………………………………………………… 65
7 − 2　「海外孫会社」と「海外子会社」の特徴 ……………… 66
7 − 3　まとめ ………………………………………………… 73

第3部　独自の意思を持った海外子会社

第 8 章　組織モデル，海外子会社の役割
―富士ゼロックス事例の説明― ―――――――― 77
- 8 − 1　はじめに ……………………………………… 77
- 8 − 2　有力な組織モデル ………………………… 78
- 8 − 3　海外子会社の役割の類型 ………………… 84
- 8 − 4　役割進化の条件：チャーターに注目して …… 87
- 8 − 5　チャーター獲得動機 ……………………… 90
- 8 − 6　富士ゼロックス事例の分析 ……………… 97
- 8 − 7　まとめ ……………………………………… 103

第 9 章　チャーター逸脱事例 ――――――――― 109
- 9 − 1　はじめに ……………………………………… 109
- 9 − 2　日本コカ・コーラ社事例 ………………… 109
- 9 − 3　台湾 TDK 事例 ……………………………… 116
- 9 − 4　まとめ ……………………………………… 121

第 10 章　ポスト・トランスナショナル組織 ――― 124
- 10 − 1　はじめに …………………………………… 124
- 10 − 2　ポスト・トランスナショナル組織の定義と特徴 …… 125
- 10 − 3　海外子会社における自発性発揮の抑制要因 ……… 128
- 10 − 4　ポスト・トランスナショナル組織となる本社の
行うべき作業 ………………………………… 134
- 10 − 5　まとめ ……………………………………… 137

第 11 章　今後の課題 ――――――――――――― 141

参考文献　145
索　　引　150

第 1 部

海外子会社が行う対外直接投資

　これまで，海外子会社は本社の指示に従うだけの存在であると考えられてきたために，海外子会社の意思決定を研究対象とする必要性について，十分には認識されていなかった。研究対象とされてこなかった理由としては，本社の指示に従わない海外子会社は，長期的には存在しえないと考えることができるからである。つまり，本社は指示に従わない海外子会社社長を更迭して，指示に従う人を派遣・任命するために，指示に従わない海外子会社は，一時的にしか存在しえないからである。

　現在，海外子会社はようやく注目されるようになり，バレット＝ゴーシャル（1989）などでも，海外子会社は研究対象となった。本格的な検討が始まったのは，バーキンショー＝フード（1998）の役割進化モデルからである。

　本書では，海外子会社は本社の指示にしたがうだけの存在ではなく，独自の判断に基づいて行動する意思決定主体であると見ている。このように考えるのは，海外子会社が独自の判断に基づいた行動を取るという事例が存在しているからである。

　例えば，本社が販売を目的として設立した海外販売子会社が，新製品開発事業に着手し，新製品となりえるものを開発した後に，本社の許可を得たという事例が存在している（富士ゼロックス事例）。本社は炭酸飲料であるコカ・コーラの販売にこだわっていたことから，非炭酸飲料である缶コーヒー飲料の開発・販売に反対していた。最終的には，海外子会社の熱意により，本社は意に反して新製品開発事業の許可を与えたという事例も存在している（日本コカ・コーラ社事例）。40億円の設備投資許可を与えなかったにも関わらず，海外子会社が独断で投資した事例も存在している（台湾 TDK 事例）。

　日本国内においても，子会社が本社の意向に反する言動を示す事例が存在している。富士電機と，富士電機の子会社である富士通との事例である。岡本（2010）によれば，富士通の社員の中には，富士電機の資本的な制約から解放されることを，公然と主張する社員が存在していた。そのような主張は，富士通を子会社としてお

きたいという本社の意向に反する主張であり，主張した子会社社員は左遷される可能性はあった。結果として，富士通は富士電機の子会社ではなくなり，主張した社員はペナルティを受けることなく，富士通の社長となったことが紹介されていた。

　富士ゼロックス事例や日本コカ・コーラ社事例や台湾 TDK 事例や富士通事例を見れば，子会社独自の判断に基づいた言動や行動は存在するといえる。独自の意思決定に基づいた行動をとる子会社は，どのような条件の時に，存在しうるものであるのか，そしてそのような子会社は企業グループの管理にどのような影響を与えるのであろうか。

　第1部では，独自の意思決定に基づいた行動を取る子会社が存在することを前提として議論する。

　1章では有力な直接投資理論とともに，注目すべき理論の紹介を行い，それらの理論によって，海外子会社による対外直接投資を適切に説明できるのかについての検討をする。

　2章では為替レートに注目して，対外直接投資を概説する。その際，海外子会社に注目して時期区分を行う。

第1章 海外子会社に注目しての直接投資理論

1−1　はじめに

　直接投資理論は，どのような企業が[1]，どの国・地域に，どのような形態で，いかなる目的で海外進出するのかを考察対象とするものであり，それらの考察対象に対して理論化を行ったものが直接投資理論である。

　直接投資理論によって，日本企業が対外直接投資[2]を行う国についての予測はできるのであろうか。いくつか有力な直接投資理論が存在しており，どの国に，どの程度の投資を行うのかについて，一定の予測は可能とはいえ，十分とはいえない[3]。

　本章では，直接投資理論を簡単に紹介し，直接投資理論に基づいて，海外子会社による対外直接投資についての説明が可能なのかを検討する。現時点では有力な理論とはいえないが，アハロニー（1966）に基づくことで，海外子会社による対外直接投資についての説明が可能であることを示す。

1−2　直接投資の有力理論：ハイマーの理論

　ハイマー（1960）は，企業が対外直接投資を行う理由として3つの理由を挙げている。第1に優位性，第2に競争の排除，第3に多様化である。3つの理由が挙げられていたにも関わらず，注目され，後の直接投資理論に影響を与えたのは優位性であったことから，ここでは優位性について説明する。

優位性が対外直接投資に必要である理由は，投資受入国に関する情報の欠如や，現地政府による外国企業への差別的処遇や，出張費や，連絡費等が存在しており，優位性を保持していない場合にはこのような不利を克服して，国内事業での利潤を上回る利潤を生み出すことができないからである。優位性が対外直接投資に必要であるという認識は，後続の有力な直接理論においても，維持されている[4]。

ハイマーの理論における優位性とは，他の企業よりも低コストで生産要素を手に入れることや，より効率的な生産関数に関する知識や，流通面の能力に優れていることや，生産物差別化であり，何が優位性であるのかについては，多くの議論があった。

企業規模の要因を優位性と見た時に，対外直接投資を適切に説明できたこと（企業規模の要因が統計的に有意であること），アメリカでは主に大企業が対外直接投資を行っていたことから，1970年代半ばまでは，ハイマーの理論が世界で最も有力な直接投資理論であった。しかし，日本では中小企業による対外直接投資も一定程度は存在しており，ハイマーの理論では日本における対外直接投資の説明を十分にはできなかった。このため，日本においては，ハイマーの理論は最も有力な理論とはいえなかった。

海外子会社による対外直接投資をハイマーの理論に基づいて説明する時には，2つのケースに分けて説明しなければならない。第1のケースは，本社が優位性を持ち，実質的には本社が対外直接投資を行うが，形式的には海外子会社の名前で対外直接投資を行うケースである。第2のケースは，海外子会社が優位性を持ち，形式的にも実質的にも，海外子会社が対外直接投資を行うケースである。

どちらのケースを検討するにしても，本社と海外子会社の権限が関係してくる。しかし，ハイマーの理論には権限に関わることが含まれていないので，一定の検討を行うことはできるが，海外子会社が行う対外直接投資を十分には検討することができない。

企業規模の小さな海外子会社が，実質的に対外直接投資を行う場合にも，対

外直接投資を十分には説明できない。ハイマーの理論では，優位性として独占に注目していることから，企業規模の小さな海外子会社の対外直接投資を説明することは困難である。したがって，海外子会社が行う対外直接投資を説明する場合，ハイマーの理論を用いて説明しようとすることは，適切とはいえないと結論づけることができる。

1－3　直接投資の有力理論：「経営資源」仮説

　優位性としての企業規模，つまり大企業であることを主に注目していたハイマーの理論では，中小企業が一定程度は含まれる日本における対外直接投資を説明することは，困難であった。また，同じ業界で，同程度の企業規模でありながら，対外直接投資を行う企業と行わない企業が併存していることの説明も，ハイマーの理論では困難であった。

　小宮（1972）の「経営資源」仮説は，中小企業による対外直接投資や，同じ業界で，同程度の企業規模でありながら，対外直接投資を行う企業と行わない企業が併存していることを説明できる。「経営資源」仮説における「経営資源」とは，「外面的には経営者を中核とし，より実質的には経営管理上の知識と経験，パテントやノウハウをはじめマーケティングの方法などを含めて広く技術的・専門的知識、販売・原料購入・資金調達などの市場における地位、トレード・マーク（ブランド）あるいは信用、情報収集・研究開発のための組織など[5]」である。

　「経営資源」仮説では，国内での「経営資源」の限界生産性よりも，外国での限界生産性の方が高い時における，「経営資源」の外国への移動を対外直接投資と見ている。「経営資源」仮説に基づけば，中小企業であっても，「経営資源」の限界生産性が国内よりも外国の方が高いと予想すれば，対外直接投資を行うことを説明できる。同じ業界で，同程度の企業規模であっても，「経営資源」の限界生産性が国内よりも外国の方が高いと予想しているのが，一方の企業のみであれば，その企業のみが対外直接投資を行うことも説明できる。中小

企業の対外直接投資などを説明できることから,「経営資源」仮説が日本では最も有力な直接投資理論となった[6]。

「経営資源」仮説には,問題点が存在している。「経営資源」の限界生産性を観察することが困難なために,「経営資源」仮説の妥当性を客観的に立証することができないことである。「経営資源」の限界生産性の代理変数としては,利益率などを利用するしかなく,利益率などでは「経営資源」の限界生産性を不十分にしか代表しないので,「経営資源」仮説の直接投資理論としての妥当性の検証はできない。

海外子会社による対外直接投資を,「経営資源」仮説に基づいて説明する時には,2つのケースに分けて説明しなければならない。第1のケースは,本社における「経営資源」の限界生産性が,国内よりも外国の方が高いと予想して,実質的には本社が対外直接投資を行うが,形式的には海外子会社の名前で対外直接投資を行うケースである。第2のケースは,海外子会社における「経営資源」の限界生産性が,海外子会社の設立された国よりも外国の方が高いと予想して,形式的にも実質的にも,海外子会社が対外直接投資を行うケースである。

どちらのケースを説明するにしても,本社と海外子会社の権限が関係してくる。しかし,「経営資源」仮説には権限に関わることが含まれていないので,一定の検討を行うことはできるが,海外子会社が行う対外直接投資を十分には検討することができない。

「経営資源」仮説では,「経営資源」の限界生産性を観察しえないという問題点も存在していることから,海外子会社が行う対外直接投資を十分には説明できない。したがって,海外子会社が行う対外直接投資を説明する場合,「経営資源」仮説を用いて説明しようとすることは,適切とはいえないと結論づけることができる。

1-4 直接投資の有力理論:内部化理論

内部化理論とは,取引コストを考慮することで,特許権やノウハウなどの優

位性を，内部市場（外国に設立する海外子会社）で利用する方が，外部市場において，特許の使用料であるライセンシング・フィを受け取るよりも有利であるので，対外直接投資を行うとする理論である。つまり，ライセンシングよりも対外直接投資の方が有利なので，対外直接投資が選択されることを示す理論である。取引コストとは，取引先を探索するコストや，取引先が機会主義的な行動をしないように監視するコストなどである。

内部化理論にはいくつかの問題点が存在しており，最も大きな問題点は取引コスト，つまり，外部市場での取引コストと内部市場での取引コストが，客観的に観察できないことである。例えば，日本企業のイギリスでの外部市場での取引コストの方が，イギリスでの内部市場（設立する場合のイギリス子会社）での取引コストよりも高いとしても，高いことを客観的に観察できない。このため，内部化理論の直接投資理論としての妥当性の検証はできない。

海外子会社による対外直接投資を内部化理論に基づいて説明する時には，2つのケースに分けて説明しなければならない。第1のケースは，本社における内部市場での取引コストの方が外部市場での取引コストよりも低く，実質的には本社が対外直接投資を行うが，形式的には海外子会社の名前で対外直接投資を行うケースである。第2のケースは，海外子会社における内部市場での取引コストの方が外部市場での取引コストよりも低く，形式的にも実質的にも，海外子会社が対外直接投資を行うケースである。

どちらのケースを説明するにしても，本社と海外子会社の権限が関係してくる。しかし，内部化理論には権限に関わることが含まれていないので，一定の検討を行うことはできるが，海外子会社が行う対外直接投資を十分には検討することができない。

内部化理論では，内部市場における取引コストを，内部市場設立前には観察できないという問題点が存在している。したがって，海外子会社が行う対外直接投資を説明する場合，内部化理論を用いて説明しようとすることは，適切とはいえないと結論づけることができる。

1-5 直接投資の有力理論：OLIパラダイム

1970年代末にダニングの提唱したもの（折衷理論と呼ばれていた）が，現在はOLIパラダイムと呼ばれており，世界で最も有力な直接投資理論である。OLIパラダイムとは企業が所有特殊的優位（O優位）を持ち，立地特殊的優位（L優位）を持ち，内部化（インセンティブ）優位（I優位）を持つ場合に，対外直接投資を行うとする理論である。

OLIパラダイムにおける所有特殊的優位は，ハイマーの理論の優位性と類似しており，優位性において指摘したのと同じ問題点がある。内部化優位における問題点についても，内部化理論で述べた問題点が同様に当てはまる。そして，受入国に特有の優位性である立地特殊的優位（部品などの価格や品質面での優位性や，需要規模や，法人税・関税や，インフラや，文化・政治・商習慣などに関わる優位）における問題点は，客観的な指標が存在しないことである。

OLIパラダイムには実証的な研究が存在するとはいえ，誰もが納得するような，各優位についての客観的な指標が存在しないことから，直接投資理論としての妥当性の検証はできない。

海外子会社による対外直接投資をOLIパラダイムに基づいて説明する時には，2つのケースに分けて説明しなければならない。第1のケースは，本社が所有特殊的優位と立地特殊的優位と内部化優位を持つことで，実質的には本社が対外直接投資を行うが，形式的には海外子会社の名前で対外直接投資を行うケースである。第2のケースは，海外子会社が所有特殊的優位と立地特殊的優位と内部化優位を持つことで，形式的にも実質的にも，海外子会社が対外直接投資を行うケースである。

どちらのケースを検討するにしても，本社と海外子会社の権限が関係してくる。しかし，OLIパラダイムには権限に関わることが含まれていないので，一定の検討を行うことはできるが，海外子会社が行う対外直接投資を十分には検討することができない。

OLIパラダイムでは，各優位についての客観的な指標が存在しないことから，各優位を観察できないという問題点も存在している。したがって，海外子会社が行う対外直接投資を説明する場合，OLIパラダイムを用いて説明しようとすることは，適切とはいえないと結論づけることができる。

1－6　直接投資の理論：プロダクト・サイクル理論

プロダクト・サイクル理論は，製品の発展段階（新製品，成熟製品，標準製品）に応じて生産国が変化し，生産国の変化は対外直接投資によって実現することを主張する理論である。

プロダクト・サイクル理論によれば，新製品段階においては，アメリカで新製品が開発され，アメリカで生産される。次の成熟製品の段階においては，アメリカ以外の先進国における需要量の増加に対応して，先進国で生産が行われる。最後の標準製品の段階においては，標準化が進んだために，発展途上国での生産が可能となることと，価格競争への対応のために賃金率の低い発展途上国での生産が必要となるために，発展途上国で生産を行うと見ている。

プロダクト・サイクル理論では，生産を可能とするだけの需要規模の要因，必要とする技術水準の要因，許容される賃金率水準の要因が生産地変化をもたらしうる要因として注目されており，段階変化のきっかけとしては輸出市場喪失の脅威が注目されている。

プロダクト・サイクル理論は，1950年代や60年代前半までの世界における対外直接投資を適切に説明したものであるが，徐々に，現実を説明できなくなっていった。新製品段階における生産地はアメリカとなっているが，新製品段階における生産地は，日本やヨーロッパの国となる事例が増えてきたことから，プロダクト・サイクル理論への関心が低下していき，有力な直接投資理論とは見なされなくなった。

1980年代に，日本からアジアNIES（Newly Industrializing Economies：新興工業経済地域；韓国，台湾，香港，シンガポール）に生産地がシフトし，アジア

NIESからASEAN4（東南アジア諸国連合：Association of South-East Asian Nations；タイ，インドネシア，マレーシア，フィリピン）に生産地がシフトする現象が見られるようになった。プロダクト・サイクル理論の新製品段階では，アメリカの代わりに日本を，成熟製品の段階では，アメリカ以外の先進国の代わりにアジアNIESを，標準製品の段階では，発展途上国の代わりにASEAN4を当てはめることで，1980年代における日本企業の対外直接投資を適切に説明することが可能となった。

このため，日本においてプロダクト・サイクル理論への関心がふたたび高くなり，プロダクト・サイクル理論にいくつかの修正を加えれば，対外直接投資を適切に説明できるという期待が広がり，有力な直接投資理論の1つであると見る人もでてきた。

しかし現代では，家電製品等の新製品世界同時発売を実現するための「垂直立ち上げ[7]」が，見られるようになりつつある。「垂直立ち上げ」では，新製品開発は技術優位国で行われるが，生産はすべての国で行うことで，世界同時発売を実現することが可能となる[8]。

すべての国で生産が行われるということは，技術を体化した機械を用いることで，技術劣位国が消失することを意味する。新製品の世界同時発売は，まだそれほど多くの製品で見られるわけではないが，多くの製品で見られるようになれば，プロダクト・サイクル理論による対外直接投資の説明は，困難となるであろう。

「垂直立ち上げ」がこれ以上広がらないことを前提として，海外子会社による対外直接投資をプロダクト・サイクル理論に基づいて説明する時には，2つのケースに分けて説明しなければならない。

第1のケースは，標準製品の段階において，実質的には本社が対外直接投資を行うが，形式的には海外子会社の名前で対外直接投資を行うケースである。第2のケースは，形式的にも実質的にも，海外子会社が対外直接投資を行うケースである[9]。

どちらのケースを検討するにしても，本社と海外子会社の権限が関係してく

る。しかし、プロダクト・サイクル理論には権限に関わることが含まれていないので、一定の検討を行うことはできるが、海外子会社が行う対外直接投資を十分には検討することができない。

プロダクト・サイクル理論では、「垂直立ち上げ」が広がってくれば、標準製品の段階について考える必要がなくなるので、プロダクト・サイクル理論の有効性の低下という問題点も存在している。したがって、海外子会社が行う対外直接投資を説明する場合、プロダクト・サイクル理論を用いて説明しようとすることは、適切とはいえないと結論づけることができる。

1-7 直接投資の理論：アハロニーの理論

初めて対外直接投資を行う企業を対象として、調査を行うことで理論化を行ったアハロニー（1966）によれば、対外直接投資の意思決定プロセスは、経営者の認識を海外に向けさせる起動力（initiating force）が必要である。

起動力としては、上級幹部の強い興味、外国政府、自社製品の販売業者、顧客などの無視できない社外アクターからの提案、市場喪失の恐れ、バンドワゴン効果、国内市場における外国企業との激しい競争がある。それらの起動力がトリガーとなって、経営者の認識を海外に向けさせる。起動力によって対外直接投資の意思決定プロセスが開始されれば、次に調査が行われ、調査の次に投資の決定が行われ、最後に審査と交渉が行われる。

アハロニー（1966）によれば、対外直接投資を行うという意思決定は、経済合理的に決定する意思決定ではなく、長期にわたる社会的プロセスによって決定する意思決定である。そして、起動力が強い場合は、進出するか否かに関する調査は省略されると見ている。

アハロニーの理論は、現時点では、有力な理論とは見られていない。有力な理論とはいえない理由を3つ挙げてみる。第1に、アハロニーの理論は初めて対外直接投資を行う場合を理論化しているからである。現在は5度目、10度目といった対外直接投資が多くなっているため、現在の多くの対外直接投資は

アハロニーの理論の適用範囲を超えてしまうことになる。第2に，意思決定プロセスが経済合理的でないことを信じたくない研究者が多く存在していることである。第3に，アハロニーの理論の妥当性を示すための統計分析が行われてこなかったことである。このため，アハロニーの理論に注目する研究者は存在するが，少数しか存在していない。

アハロニーの理論は，現時点では，有力な直接投資理論とはいえないが，対外直接投資を適切に説明できる理論である。例えば，山本（2008）において紹介されている本田技研工業の二輪事業における対米進出の事例を見てみよう。

本田技研工業では，創業から7年余りの1956年に，対外直接投資を検討していた。候補地はアメリカ，ヨーロッパ，東南アジアであり，当時専務であった藤澤武夫氏は部下に市場調査を命じた。市場調査を行った社員は，東南アジアを推奨したが，藤澤武夫氏はその推奨を退け，アメリカへの進出を決意し，本田技研工業はアメリカに進出した。しかし，図表1－1を見る限り，市場規模や競合から判断するのであれば，進出先は東南アジアもしくはヨーロッパであり，アメリカは進出先に選ばれない。

図表1－1　ホンダの対外直接投資に関する代替案の比較

進出先	市場規模	競合
アメリカ	5～6万台（500 cc）	無
東南アジア	徐々に拡大（ヨーロッパから輸入）	無
ヨーロッパ	300万台	有

出所）山本（2008）図表4－4の一部を掲載。

この事例を，アハロニーの理論に基づいて説明すれば，起動力は専務であった藤澤武夫氏の強い意欲であり，本田技研工業のアメリカへの対外直接投資へのプロセスを開始させた。これまでこのような事例は，戦略的意思決定によるものと見ることで，アハロニーの理論によって説明すべき事例とは見なされてこなかった[10]。

海外子会社が行う対外直接投資をアハロニーの理論に基づいて説明する時に

は，2つのケースに分けて説明しなければならない。第1のケースは，本社において起動力が働き，実質的には本社が対外直接投資を行うが，形式的には海外子会社の名前で対外直接投資を行うケースである。第2のケースは，海外子会社において起動力が働き，形式的にも実質的にも，海外子会社が対外直接投資を行うケースである。

どちらのケースを検討するにしても，本社と海外子会社の権限が関係してくる。アハロニーの理論では権限という言葉は使われていないが，本社および海外子会社の経営陣からの起動力によって，対外直接投資の意思決定プロセスが開始されるのであれば，対外直接投資を行う権限を持つ経営陣が関与することになるので，アハロニーの理論を用いて，海外子会社が行う対外直接投資の検討を行うことは可能である。

これまで，起動力という概念が十分には注目されてこなかった。しかし，再評価されるべき概念であり，8章で詳述する海外子会社における危機意識は，海外子会社独自の意思決定をもたらす起動力[11]となりうるものである。本書では，起動力に関する検討を行えていないが，起動力に注目することで，海外子会社が行う対外直接投資に関する研究が，これまでよりも進展する可能性がある。

【注】

1) ハイマーの理論においては，言葉や慣習の相違などの不利な条件を克服できる企業が対外直接投資を行うとしている。
2) 直接投資とは経営参加を目的とした投資であるのに対して，間接投資とは経営参加を目的としない投資であり，利子や配当収入や値上がり利益を目的とした投資である。
3) 自由度修正済み決定係数が0.6〜0.7程度あれば，一定の説明力があると見なすことはできる。しかし，0.6〜0.7程度あっても十分な予測とはならないことを，水戸（2005）は示している。
4) これまでは，優位性が必要であると考えられてきた。しかし，発展途上国企業が先進国に進出する事例が増加するにつれて，優位性にこだわらず，対外直接投資の説明を行おうとする動きが見られるようになってきた。

5）小宮（1972）p. 178。
6）「経営資源」仮説における「経営資源」は，世界で最も有力なハイマーの理論における優位性と近似しており，優位性を構成する要素が「経営資源」と見ることは可能であることも，「経営資源」仮説が，日本で最も有力な直接投資理論となった理由の1つと考えることができる。
7）http://techon.nikkeibp.co.jp/members/01db/200306/1017567/?rt=nocnt 閲覧日2014年9月23日「日経テクノロジー online」2003/06/05によれば，2002年度には，松下電器産業は「世界同時発売・垂直立ち上げ」を行っていた。垂直立ち上げとは，生産現場においては，一気に生産数量を増大させることを意味する。販売部門においては，一斉に店頭展示を行い，広告部門においては，発売日前後に広告の大量出稿による認知度を高めることを，垂直立ち上げという。垂直立ち上げを実施することで，競合モデルが登場する前に売れるだけ売ることで，製品単価の低下する前に大量に販売することが可能となり，収益の最大化を目指すことが可能になると考えられている。
8）最も生産コストの低い1国で生産することは可能であるが，世界同時発売できるほど大量生産して，大量保管し，大量輸送するためには，多くの時間を必要とする。しかし，ライバル企業によって，近日中に競合する新製品の販売が予想される場合には，垂直立ち上げを可能とする機械を世界各地に配備して，世界各地で生産することによって，時間の節約を行う方が重要となる。
9）海外子会社が開発した新製品を生産するために，対外直接投資を行う場合と，本社から移管された製品を生産するために，対外直接投資を行う場合とが存在する。
10）国際経済学の直接投資に関わる文献，および国際経営戦略に関する文献において，アハロニーの理論に関する記述を見ることはほとんどない。
11）アハロニー（1966）は起動力という言葉を，対外直接投資の開始に関わる言葉として使用している。しかし，ここでは独自の意思決定の開始に関わる言葉として使用している。

第 2 章
海外子会社に注目しての対外直接投資概説

2－1 はじめに

　日本はさまざまな製品や中間財などを輸出し，原材料や食品や製品などを輸入してきた。第2次世界大戦後の輸出や輸入には，総合商社や専門商社などが関与していたが，現在では，海外子会社や海外孫会社なども輸出や輸入に関与している。

　海外子会社が何をどの程度輸出するのか，輸入するのか，本社にどの程度の配当を送金するのかなどを明らかにするためには，対外直接投資に関わる動向[1]を明らかにすることが求められた。それが，日本の輸出入の動向や資本収支などについて考察するのに役立つからである。

　本章では，年平均の円ドルレートに注目して[2]，対外直接投資動向に関する時代区分を行い，概説を行う。

2－2 輸出の時代：1951年〜1971年

　第2次世界大戦後において，対外直接投資の始まったのは1951年である。したがって，1951年を対外直接投資の始まりの年とする[3]。1951年から対外直接投資は始まったが，この時期の対外直接投資額および対外直接投資件数は少なく，海外進出の多くは輸出の形で行われていた。このため，対外直接投資の始まりの時期を輸出の時代と呼ぶこととする。

対外直接投資額および対外直接投資件数が少ない理由の1つは，日本政府が対外直接投資を，貿易収支や国際収支において認められる水準に抑制していたからである。

政府が対外直接投資を認める基準は，外貨獲得性や外貨節約性なので，鉄鉱石鉱山事業プロジェクト，木材・パルプ資源確保プロジェクト等の天然資源関連の投資プロジェクトや，輸出増加に寄与する商社や販売会社の設立などが認められた。また，輸出入に関わる資金決済等のための銀行なども認められた。外貨制約の緩和に伴い，工場設立を目的としたものも，徐々に認められるようになっていった。

製造業企業の中には，国内市場の飽和に伴う余剰設備，余剰人員などのもとで，成長への活路[4]を海外に求めて，対外直接投資を行う企業も存在した。進出先としては，輸入代替工業化戦略をとる発展途上国が多かったとはいえ，貿易摩擦対応[5]を進出理由の1つとして，海外へ進出する企業も存在した。

発展途上国では輸入代替工業化戦略がとられたことから，輸入制限に対応するための対外直接投資が行われた。市場規模が小さな製品を対象とした対外直接投資であることが多く，赤字を避けるためには，投資を小規模にとどめる必要があった[6]。このため，最終組立工程のみの単純な工場，いわゆるスクリュー・ドライバー工場（ドライバーでネジを締めて組み立てるだけ）が多かった。

先進国への輸出拡大に伴い，先進国での販売網整備のための販売子会社を設立する行動が見られた。そして，先進国との貿易摩擦対応のために，日本から先進国に輸出する代わりに，日本から部品を発展途上国（アジアNIESなど）に輸出して，簡単な加工を輸出加工区（輸出を条件に優遇された地区）で行った上で先進国へ輸出した。

2-3　海外子会社の時代：
1972年～1985年（プラザ合意前）

対外直接投資が急増したことから，1972年は直接投資元年と呼ばれている。直接投資元年と呼ばれるほど，対外直接投資の増加した理由はいくつかある。

第1に，1ドル360円であったものが，300円を超える円高（1971年のニクソンショックとその後の変動相場制）となったことである。ドル換算での賃金率の上昇[7]，円で見た時に外国で工場を建設するのに必要な費用の低下などから，対外直接投資は増加した。

第2に，労働力確保が困難となったことである。高度経済成長に伴って，大都市においては賃金率が低くて，良質で大量の労働者を確保することが困難となった。この結果，企業が生産を増加しようとすれば，地方に工場を新設あるいは移転するか，海外に工場を設立するかの選択をすることになった[8]。

第3に，経常収支の黒字化によって，政府の対外直接投資抑制的な許認可が緩和したことである。経常収支黒字等を背景に，1969年から対外直接投資は順次緩和し，1972年の第4次自由化で，ほとんどの対外直接投資は自動許可となった。企業は海外に進出しようと思えば，政府からの干渉なしに，対外直接投資を行うことが可能となった。

1972年，73年に対外直接投資が急増した後，対外直接投資は低迷した。海外現地法人の収益が良いとはいえなかったことと[9]，1ドル200円台後半であった円ドルレートが1974年～76年には300円程度の円安となったことなどを原因と見ることができる。

1977年から1981年までの期間は，1ドル200円台半ばから200円台前半の円高方向に動いたことや貿易摩擦対応等の理由から，対外直接投資は増加していった。貿易摩擦に対応するためには，輸出自主規制だけではなく，対外直接投資による対応も必要と考えて，対外直接投資を行う企業が見られるようになってきた[10]。

この時期，先進国市場を目的とする対外直接投資には，アジアNIESやASEAN4などに進出して，アジアNIESやASEAN4などからアメリカ等の先進国に輸出する場合と，アメリカ等の先進国へ直接進出する場合とがあった。

1982年から1985年半ばまでは，1ドル230円台から240円台であり，為替レートに特定の傾向は見られなかったことから，対外直接投資の急激な増加は見られなかった。

2－4　海外孫会社の時代：
　　　1985年（プラザ合意以降）～現在

　1985年9月にプラザ合意があり，プラザ合意を契機として，円高となった。円高に反応して，多くの日本企業がアジアNIESやASEAN4や中国等へ，コスト削減を目的とした対外直接投資を行った。

　中国には，市場開拓・維持を目的とした対外直接投資も行われた。また，貿易摩擦に対する予防的な対外直接投資や，1993年のEU（欧州連合：European Union）発足への対応としての対外直接投資も見られた。これは，EU域内に海外子会社を設立することで，域内企業と認識してもらい，不利な扱いをされないことを目的としていた。

　この時代に特徴的なことは，中国への対外直接投資の多さである。1992年の南巡講話，2001年のWTO加入に反応して，中国への対外直接投資は増加した。2000年代後半は日本の反中感情[11]，2010年代には賃金率上昇のために，中国への対外直接投資は伸び悩んでいるが，関心はそれほど低下していない。

　プラザ合意後の対外直接投資の増加に伴って，海外現地法人は増加した。1985年版『海外進出企業総覧』によれば，現地法人は7,684社存在しているのに対して[12]，『海外進出企業総覧2015（国別編）』では28,013社存在しており，30年程度で3倍以上に増加している[13]。

　海外現地法人の増加に伴って，海外現地法人に対する管理業務を強化する必要が生じる。この時，本社における海外現地法人の管理機能拡充という方向で対応する企業とともに，地域統括会社を設けることで，海外現地法人管理の効率化を行うという対応をとる企業が存在した。

　地域統括会社を設ける場合には，本社の保有している海外子会社の株式を地域統括会社に移すことで，これまで海外子会社であった海外現地法人を，海外孫会社にした。つまり，海外子会社の増加が，地域統括会社とそれに伴う海外孫会社をもたらす契機となった。このため，プラザ合意後における海外子会社の増加している時期を，海外孫会社の時代と呼ぶこととする。

地域統括会社設立に伴って設立された海外孫会社以外に，国際税務戦略に基づいて海外孫会社を設立する場合もあった。例えば，日系シンガポール地域統括会社の傘下に海外孫会社を設立することで，企業グループとして支払う税金を合法的に少なくすることを可能とした。

【注】

1）届出額や許可額と実行額は相違すること，届出や許可の時期と実行とのタイム・ラグなどのために，対外直接投資の正確な把握は困難である。それ以外に，課税が軽減・免除されるタックス・ヘイブン（Tax haven：英国領ケイマン諸島やバージン諸島などの租税回避地）に海外子会社を設立し，タックス・ヘイブンから本当に設立したい国に海外孫会社を設立するケースが存在している。この場合には，本当に進出したい国への投資が日本の統計には反映されない。対外直接投資に関わる統計における問題点は，小宮（1988）第5章や，小島（1985）第1章，島田（1999）第1章などに示されている。

2）為替レートと対外直接投資の間には，日本においては一定程度の関係性が見られるが，ほかの国においては関係性を見ることのできないことが多い。

3）第2次世界大戦前の海外資産は接収されているので，ゼロからのスタートとなる。

4）各業界で最も早期に対外直接投資を行ったのは，業界での地位がトップの企業ではなく，新興企業等のセカンド・ランク企業が多かった。一般的には，業界トップ企業の方が技術水準やブランド・イメージは高く，海外に投下できる資本量は多く，英語が話せて仕事のできる人材も，セカンド・ランク企業よりも多いと考えることができる。このため，セカンド・ランク企業が業界トップ企業よりも早く対外直接投資を行ったことを，一般的な直接投資理論に基づいて説明することは困難である。このため，以下ではアハロニーの理論の起動力（社長の「思い」や「志」）に注目して説明していく。

セカンド・ランク企業が業界トップ企業よりも早く対外直接投資を行ったのは，国内で生産・販売しているだけでは，世界的な企業になることはできないと考えたからである。世界的な企業になりたいという「思い」や「志」を実現するために，リスク・ラバーな意思決定を躊躇しなかったと説明することは可能である。

別の表現をするならば，海外での生産活動にはさまざまな困難が待ち受けていることから，リスク中立的な意思決定を前提とする時，業界トップ企業が海外で生産しな

5）この当時の日本は，発展途上国あるいは中進国に相当する技術水準ではあるが，1955 年のワンダラーブラウス事件（日本から 1 ドルでアメリカに輸出されたブラウスに関わる貿易摩擦）が象徴するように，いくつかの産業において，貿易摩擦が発生するようになっていた。
6）投資を小規模にするために，自社で使用している設備（減価償却済みの中古設備）を利用することも検討された。自社で使用している設備を利用するのは，必要投資額を少なくするという目的とともに，ノウハウを蓄積しているので，スムーズな技術移転も目的としていたと考えることができる。しかし，使用している設備の利用は，受入国から拒否されることが多かった。
7）高度経済成長の時期には，円で見た時の賃金率が上昇したうえに，円高によってドル換算の賃金率が高くなった。
8）この時代は機械化のコストがまだ高いために，雇用増加による対応の方が適切であった。
9）第 1 次石油ショックは，産油国を除く世界の景気を悪化させたことから，第 1 次石油ショックが進出国における業績に悪い影響を与えたと考えることができる。
10）各種アンケート調査では，貿易摩擦対応が進出動機であったとする比率は低かった。しかし，貿易摩擦対応が対外直接投資の動機の 1 つであった企業が一定程度は存在すると，本章では見ている。
11）日本に反中感情，中国に反日デモが見られるにも関わらず，中国への日本企業の進出がそれほど減少していない理由については，水戸（2009）において考察している。
12）東洋経済新報社（1985）p.5 には 7684 件（累計）と表示されているが，7,684 社と表示した。
13）『海外進出企業総覧 2012（国別編）』では 23,858 社，『海外進出企業総覧 2013（国別編）』では 25,204 社，『海外進出企業総覧 2014（国別編）』では 26,060 社に増加しており，現在でも海外現地法人は増加している。

第2部

日本企業の対外直接投資により設立された「海外子会社」と「海外孫会社」

　第2部では市・省・州・地域・国に設立された「海外孫会社」と「海外子会社」の事業内容や「操業年」等を提示することで，「海外孫会社」と「海外子会社」の特徴を明らかにすることを目的とする。

　第3章では中国，第4章ではASEAN4，第5章ではアジアNIES，第6章ではヨーロッパ，第7章ではアメリカにおける「海外孫会社」と「海外子会社」を対象とする。

　本書では，「海外孫会社」と「海外子会社」を以下のように定義する。まず，海外（現地）の法律に基づいて設立される海外現地法人への出資が50％超であることのつながりが途切れない限り，その海外現地法人は日本本社のコントロールの下にあるとする。この時，「海外孫会社」とは，日本本社のコントロールの下にあることを『海外進出企業総覧2014（国別編）』（以下では「2014総覧」と呼ぶ）によって確認できる海外現地法人から，50％超の出資を受け入れていることを，「2014総覧」によって確認できる海外現地法人を「海外孫会社」とする。この定義は，海外曾孫会社や海外玄孫会社等も「海外孫会社」として分析対象とするからである。

　50％超の出資であることを厳密に確認するため，日本本社のコントロールの下にある海外現地法人のうち，「2014総覧」において出資比率が明らかになっていない海外現地法人が関与している場合は，「海外孫会社」から除く。出資比率が明示されていない海外現地法人は除くので，一般的には海外孫会社と見られている海外現地法人数よりも，「海外孫会社」数は少ない。

　50％超としているのは，『第44回　我が国企業の海外事業活動』では，「海外子会社とは，日本側出資比率が10％以上の外国法人を指し，海外孫会社とは，日本側出資比率が50％超の海外子会社が50％超の出資を行っている外国法人」と定義しているからである。本書においても，国際経済に注目する場合における一般的な

定義に沿った定義を行っている。

　国際税務戦略を主として考察する場合には，外国子会社配当益金不算入制度などの存在を考慮する必要があり，その場合には出資比率 25％以上であるか否かに注目する必要がある。しかし，主たるデータソースとして，出資比率合計が 10％以上である企業を掲載している「2014 総覧」を利用することと，国際税務戦略に対する考慮・考察を主としていないことから，出資比率としては 25％ではなく，50％超に注目する。

　「海外子会社」は，「2014 総覧」において「海外孫会社」に 50％超の出資をしていることの確認ができる海外現地法人とする。

　対象とする市・省・州・地域・国としては，日本企業の傾向を明らかにするために，多く進出している市・省・州・地域・国を分析対象とする。市・省・州・地域・国別の分析ではなく，例えばアジア NIES 全体を対象として分析を行うことを考えることはできる。しかし，全体を対象として分析を行うと，市・省・州・地域・国の特徴が不明瞭となる可能性がある。このため，本書では，市・省・州・地域・国のデータに注目する。今後は，全体を対象とする分析も行っていきたい。以下では 2 つの基準を用いて，対象となる市・省・州・地域・国を選定する。

　第 1 の基準は，海外現地法人が 100 社以上存在している市・省・州・地域・国であることである。海外現地法人が 100 社以上あれば，分析対象が少なすぎることはないからである。

　第 2 の基準は，アジア NIES の 4 カ国・地域と ASEAN4 の 4 カ国を除いて，海外現地法人数が上位の 3 市・省・州・地域・国であることである。上位の 3 市・省・州・地域・国であれば，「海外孫会社」数は多くなるので，外れ値の影響は小さくなり，分析結果への信頼性が増すからである。

　次に，「海外子会社」の事業内容（「製造」，「販売」，「サービス」，「統括」の 4 分類），設立された市・省・州・地域・国，「操業年」（操業年と設立年が混在して表記されているので，どちらの表記であっても，「操業年」として示す）および「海外孫会社」比率（＝「海外孫会社」／海外現地法人数），「海外孫会社」の事業内容，「操業年」を見ていく。

　「2014 総覧」に示されている事業内容は多様であるため，キーワードを利用して分類しているが，分類に迷う事業内容が一定程度見られた。しかし，統一した基準で分類するので，比較する場合には問題ない。

　「海外子会社」や「海外孫会社」は多様な業務を営んでいるが，あえて，1 つの

事業内容に分類している。「総覧」に示されている事業内容をすべて表示することも考えられるが，1つの事業内容に分類することによって，「海外子会社」や「海外孫会社」の特徴をわかりやすく示すことができると考えたからである。

1つの事業内容に分類するもう1つの理由は，「統括」をより正確に把握したいと考えているからである。森（2003）が指摘しているように，統括を事業内容としている海外現地法人の中には，統括機能を十分には果たしていない海外現地法人が存在している可能性が存在している。

十分な統括機能を果たしているか否かを厳密に峻別することは困難であるため，販売なども事業内容としている場合には，統括機能を十分には果たしていないと見なし，統括だけが事業内容である海外現地法人は，統括機能を一定程度果たしていると見なすことにした。このような想定の下で，統括だけが事業内容である場合のみを，「統括」と分類した。そして，「統括」の場合だけを1つの事業内容に分類することは適切ではないので，「製造」,「販売」,「サービス」の場合も1つの事業内容にした。

しかし，事業内容をすべて表示した分類も把握すべきであり，今後の課題としたい。以下では，分類に利用したキーワードと，分類の方針を示す。

「製造」とは，製造，組み立て，組立調整，委託加工，流通加工，コイルセンターなどが記載されている場合とともに，販売，サービス，管理や統括等が記載されている場合も，製造などの記載が含まれている場合は，「製造」とする。

「販売」とは，販売や営業および，貿易取引や商社などが記載されている場合とともに，サービス，管理や統括等が記載されている場合も，販売などの記載が含まれている場合は，「販売」とする。

「サービス」とは，サービス，保守（メンテナンス），修理や据付け，技術サポート，技術指導，エンジニアリング，コンサルティング，調査，リース，広告業，運輸業，海運業，倉庫業，旅行業，レストラン，資材調達，資金調達や金融業務や投資や投融資，損害保険業務，研究・開発，経理業務，試作，試作品の設計，開発申請業務,建設，販売サポート，プロジェクト進行の特別目的会社，工業団地の開発・分譲・運営，マネジメント，管理支援等が記載されている場合とともに，管理や統括等が記載されている場合もサービスなどの記載が含まれている場合は，「サービス」とする。つまり，「製造」や「販売」と分類できず，かつ，明確に「統括」であるとはいいきれない事業目的の場合に，「サービス」とする。

関連会社への投融資等も，投資に属するものとして，「サービス」として扱って

いる。投融資が関連会社における借入を常に100％ファイナンスしていることが明示されているのならば，金融統括の役割を果たしているとみなすことができるので，「統括」とすることは可能である。しかし，どの程度の割合を占めているかが明らかではない場合には，金融統括の役割を果たしているとは断定できない。このため，統括や持株会社や管理等のキーワードが記載されていない場合には，関連会社への投融資等を「サービス」として扱っている。

「統括」とは管理，経営管理，統括，地域統括，金融統括，在庫管理等の統括，持株会社としての子会社の経営管理，子会社の事業管理会社，統括会社，傘下会社の統括・管理，持株会社，持株統括会社，ホールディング会社などの記載がされている場合のみ，「統括」とする。

また，事業内容が，管理であるか，管理支援であるかは，実態としては差異はほとんど存在しないと考えられる。しかし，ここでの分類においては，管理支援は「サービス」，管理は「統括」とする。

第2部における3章～7章より明らかにする特徴のうち，あらかじめ4点を挙げてみる。第1にアジアと欧米における「海外孫会社」比率は相違していること，第2に「海外孫会社」と「海外子会社」が同じ市・省・地域・国であることが多いこと，第3に「海外子会社」の「操業年」分布と「海外孫会社」の「操業年」分布は相違しているといえること，第4に「海外孫会社」に出資しているにも関わらず，事業内容に「海外孫会社」の管理等の記述のない「海外子会社」が多く存在していることである。

第2部において明らかにする特徴のうち，第3の特徴である分布の相違は，「海外子会社」と「海外孫会社」の設立動機の相違を示唆するものであり，設立動機の相違が意味することに関わる検討は第3部において行う。

第3章

中国(上海市,広東省,江蘇省)への対外直接投資により設立された「海外孫会社」と「海外子会社」

3-1 はじめに

　1992年の鄧小平による南巡講話以来,日本企業の中国への進出が多く見られるようになった。「2014総覧」によれば,中国の上位3市・省の海外現地法人数合計は4,134社(=2,146社+995社+993社)であるのに対して,ASEAN4の上位3カ国は3,741社(=1,956社+944社+841社;フィリピンの479社を加えると4,220社),アジアNEISの上位3カ国・地域3,369社(=1,225社+1,149社+995社;韓国855社を加えると4,224社),ヨーロッパの上位3カ国は1,982社

図表3-1　各国・地域の上位3市・省・地域・国での海外現地法人数

国・地域	海外現地法人数
中国3市・省	4,134社
ASEAN4[1]	3,741社
アジアNEIS[2]	3,369社
ヨーロッパ3カ国	1,982社
アメリカ3州	1,449社

出所)「2014総覧」より作成。
注) 1) ASEAN4での4カ国データは4,220社である。
　　2) アジアNEISでの4カ国・地域データは4,224社である。

(＝858社＋708社＋416社），アメリカの上位3州は1,449社（＝835社＋364社＋250社）であり，中国での海外現地法人数は，ほかの国よりも多い。

　中国における海外現地法人数が多いのであれば，中国における「海外孫会社」数は多いと考えることができるのであろうか。「海外孫会社」比率が世界中でほぼ同じであるとすれば，海外現地法人数の多い中国での「海外孫会社」数は最も多くなる。しかし，「海外孫会社」比率に関する理論もモデルも存在していないため，中国での「海外孫会社」数についての予測は困難である。そのため，実数をカウントした。

　3－2節では，中国での海外現地法人数が上位3市・省である上海市，広東省，江蘇省の「海外孫会社」と「海外子会社」の事業目的等を示すことで，中国での「海外孫会社」と「海外子会社」の特徴を明らかにする。3－3節ではまとめを行う。

3－2　「海外孫会社」と「海外子会社」の特徴

　「2014総覧」において，中国での海外現地法人が100社以上設立されている市・省は8地域存在しており，上海市2,146社，広東省995社，江蘇省993社，北京市413社，遼寧省371社，山東省271社，浙江省269社，天津市268社である。したがって，海外現地法人が100社以上という第1の基準に基づく時には，上海市，広東省，江蘇省，北京市，遼寧省，山東省，浙江省，天津市が分析対象となる。

　第2の基準は，海外現地法人数の上位3市・省であることである。3位である江蘇省993社と，4位である北京市413社との差は大きいので，中国における「海外孫会社」と「海外子会社」の特徴は，上位3市・省を見ることで明らかにできる。以下では上海市，広東省，江蘇省の順に，「海外孫会社」比率，「海外子会社」の事業内容，設立市・省・地域・国，「操業年」，「海外孫会社」の事業内容，および「操業年」を見ていく。

「海外孫会社」比率

　図表3－2によれば、上海市の「海外孫会社」比率は10.9%（＝233社／2,146社）、広東省は32.3%（＝321社／995社）、江蘇省は10.2%（＝101社／993社）である。したがって、中国における「海外孫会社」比率は10%程度（広東省を除く）である。

図表3－2　中国における「海外孫会社」比率

中　国	「海外孫会社」比率
上海市（233社）	10.9%
広東省（321社）	32.3%
江蘇省（101社）	10.2%

出所）「2014総覧」より筆者作成。

「海外子会社」

　「2014総覧」に掲載されている事業内容は多様であり、ほぼ同じ内容であるにもかかわらず、さまざまな表現が使われている。「海外子会社」の事業内容を、第2部に示したキーワードに基づいて「製造」、「販売」、「サービス」、「統括」に分類して、図表3－3に示す。

　図表3－3では、「海外子会社」数を重複カウントしている。例えば、「統括」を事業内容としている香港「海外子会社」Aが、「製造」を事業内容としている上海市「海外孫会社」Bと、「販売」を事業内容としている上海市「海外孫会社」Cに100%出資している時、「統括」を事業内容としている「海外子会社」数を2とカウントしている。「海外孫会社」から見た時の「海外子会社」の特徴を明らかにしたいと考えているためである[1]。したがって、「海外子会社」数と「海外孫会社」数はイコールとなっている。

　図表3－3によれば、中国における特徴としては、「製造」シェアが高いこと（上海市を除く）、「販売」シェアが高いこと（江蘇省を除く）、江蘇省における「統括」シェアの高いことである。

　「海外子会社」の事業内容が「統括」ではなくても、統括等も事業内容の1

図表3－3　中国における「海外子会社」の事業内容

「海外子会社」の事業内容	「製造」	「販売」	「サービス」	「統括」
上海市（233社）	16%	49%	24%	11%
広東省（321社）	30%	51%	14%	5%
江蘇省（101社）	29%	21%	17%	34%

出所）「2014総覧」より筆者作成。
注）1）四捨五入のため，合計100%とならない市・省がある。
　　2）「海外子会社」数は重複カウントしているので，「海外孫会社」数とイコールとなっている。

つとしている「海外子会社」が存在している。事業内容としては，「製造」や「販売」や「サービス」であっても，統括等も事業内容としている「海外子会社」がどの程度存在しているのかは，図表3－4に示している。

　図表3－3において「統括」を事業内容とする「海外子会社」と，図表3－4において「製造」や「販売」や「サービス」と分類しているが，統括等も事業内容としている「海外子会社」とを合計した時のシェアは，上海市24%（＝11%＋13%），広東省10%（＝5%＋5%），江蘇省43%（＝34%＋9%）である。

　上述の数値から，事業内容として管理や統括などの記述がないにも関わらず，「海外孫会社」に出資している「海外子会社」のシェアを算出すると，上海市76%（＝100%－24%），広東省90%（＝100%－10%），江蘇省57%（＝100%－43

図表3－4　中国で「製造」や「販売」や「サービス」を事業内容としていて，統括等も事業内容としている「海外子会社」

「海外子会社」の事業内容	統括等
上海市（233社）	13%
広東省（321社）	5%
江蘇省（101社）	9%

出所）「2014総覧」より筆者作成。
注）1）示されている比率は233社，321社，101社のうち，統括等も事業内容としている「海外子会社」の比率である。
　　2）「海外子会社」数は重複カウントしているので，「海外孫会社」数とイコールとなっている。

%) となる。

過半数以上の「海外子会社」の事業内容に，出資している事実が反映されていなかった理由として，いくつか考えることができる。「2014 総覧」のためのアンケート依頼[2]を受けた本社担当者の多くが忙しさや，本社担当者の管轄外[3]であることを理由として，実態を明らかにするような回答をしなかったと考えることは可能である。「海外孫会社」の管理が事業内容に加わっても，進出した当初の事業内容を，修正せずに書き続けていたと考えることも可能である。

図表 3 - 5 は「海外子会社」が設立されている市・省・地域・国を示すものであり，5 つの特徴がある。

第 1 の特徴は，「海外孫会社」と「海外子会社」が同じ市・省であることは少ないことである。上海市「海外孫会社」に出資している「海外子会社」のうち，上海市「海外子会社」シェアは 23％，広東省での広東省「海外子会社」のシェアは 2 ％，江蘇省での江蘇省「海外子会社」のシェアは 16％であり，「海外孫会社」と「海外子会社」が同じ市・省であることは少ない。

第 2 の特徴は，香港「海外子会社」のシェアが高いことである。香港からかなり離れている上海市においても，香港のシェアが最も高く，52％である。香港に近い広東省においては，香港のシェアが最も高く，88％である。江蘇省に

図表 3 - 5　中国「海外子会社」が設立されている市・省・地域・国

「海外子会社」設立市・省・国・地域 「海外孫会社」設立市・省	上海市	北京市	広東省	江蘇省	香港	シンガポール	台湾	アメリカ	その他の省・国
上海市（233 社）	23%	8%	0%	0%	52%	5%	3%	4%	4%
広東省（321 社）	2%	3%	2%	0%	88%	1%	1%	0%	2%
江蘇省（101 社）	30%	10%	0%	16%	17%	12%	2%	3%	10%

出所）「2014 総覧」より筆者作成。
注）1 ）四捨五入のため，合計 100％とならない市・省がある。
　　2 ）0％は 0 社のところと，1 社存在しているが四捨五入のため 0％のところが，混在している。
　　3 ）「海外子会社」数は重複カウントしているので，「海外孫会社」数とイコールとなっている。

おいては，香港のシェアは2番目に高い17%である。上海市と接し，かつ香港からかなり離れていることを考慮すれば，江蘇省においても香港のシェアは高いといえる。

第3の特徴は，シンガポール「海外子会社」のシェアは1％〜12%と低く，順位は4位〜5位である。香港のシェア17%〜88%よりも明らかに低いといえる。

第4の特徴は，台湾のシェアが低いことである。台湾の低いシェアから，中国に進出する際，在台湾日系企業の活用（企業立ち上げや運営への派遣）はほとんどされなかったといえる。

第5の特徴は，アメリカ「海外子会社」が存在していることである（広東省を除く）。アメリカに位置している「海外子会社」が，中国に位置する「海外孫会社」に対して，経営上の指示を与えるとは考えにくい。また，アメリカは租税回避地であるタックス・ヘイブンとは見なされていないため，企業グループにおける国際税務戦略が関係しているとは考えにくい。したがって，アメリカ「海外子会社」の存在を説明することは困難である。

ここまでは，現地法人の多さから上海市，広東省，江蘇省に注目し，上海市，広東省，江蘇省「海外子会社」について見てきた。次に，上海市，広東省，江蘇省「海外孫会社」について見ていく。

「海外孫会社」

図表3－6は3市・省における「海外孫会社」の事業内容を示すものであり，2つの特徴がある。第1の特徴は，「製造」シェアが高いことである（上海市を除く）。中国は世界の工場といわれ続けてきたことと整合的である。しかし，上海市における「製造」シェアは低いといえる。中国の中でも発展した地域であることが，影響した可能性がある。第2の特徴は，「統括」シェアが0％であることである。中国では曾孫会社，玄孫会社の存在を示唆する「統括」は存在していなかった。

「海外孫会社」の事業内容を示す図表3－6と「海外子会社」の事業内容を

示す図表3－3との相違は,「統括」が存在しないのか, 一定程度存在するのかと相違である。それ以外には, 図表3－6では「製造」シェアが高い（上海市を除く）のに対して, 図表3－3では「販売」が高い（江蘇省を除く）ことである。

図表3－6　中国「海外孫会社」の事業内容

「海外孫会社」の事業内容	「製造」	「販売」	「サービス」	「統括」
上海市（233社）	23%	51%	26%	0%
広東省（321社）	61%	24%	15%	0%
江蘇省（101社）	75%	8%	17%	0%

出所）「2014総覧」より筆者作成。

「操業年」分布

「海外孫会社」と「海外子会社」の「操業年」を示している図表3－7を分析することで,「海外孫会社」設立動機が「海外子会社」設立動機と類似していると見ることができるのか, あるいは相違しているのかについての検討ができる。

図表3－7は,「操業年」分布状況を示している。「海外孫会社」の「操業年」分布, つまり, 平均年や中央値や最頻値や標準偏差が,「海外子会社」の「操業年」分布と近似しているのならば,「海外孫会社」設立動機と「海外子会社」設立動機が類似している可能性を指摘できる。分布に無視できない相違があるのならば, 設立動機は相違するといえる[4]。

図表3－7から, 中国全体としては,「海外孫会社」の「操業年」分布と「海外子会社」の「操業年」分布は相違しているといえる。以下では, 上海市, 広東省, 江蘇省「海外孫会社」の「操業年」分布と,「海外子会社」の「操業年」分布について詳細に見ていく。

上海市における「海外孫会社」の「操業年」分布と,「海外子会社」の「操業年」分布は相違しているといえる。中央値は同じであり, 平均年の相違は1年未満であり, 標準偏差の相違も0.1であるが, 最頻値の相違は8年であるた

第2部 日本企業の対外直接投資により設立された「海外子会社」と「海外孫会社」

図表3-7 中国「海外孫会社」と「海外子会社」における「操業年」

	中央値	平均年	最頻値	標準偏差	企業数
上海市「海外孫会社」	2004年	2003.6年	2011年	5.3	226[4]
上海市「海外子会社」	2004年	2003.4年	2003年	5.4	226
広東省「海外孫会社」	2005年	2004.3年	2005年	6.3	310[5]
広東省「海外子会社」	2004年	2003.1年	2006年	5.6	310
江蘇省「海外孫会社」	2006年	2005.3年	2008年	5.4	98[6]
江蘇省「海外子会社」	2003年	2003.2年	2002年	5.6	98

出所）「2014総覧」より筆者作成。
注）1）「2014総覧」では，設立年と操業年が混在しており，設立年も「操業年」として示している。
2）「2014総覧」においては，設立年と操業年が混在しているので，月データまで分析しても，意味のある分析データとはならない。このため月データは入力しておらず，年データを入力して，平均年を算出している。したがって，平均年における小数点以下は参考データとしてしか利用できない。
3）「海外子会社」数は重複カウントしているので，「海外孫会社」数とイコールとなっている。
4）上海市「海外孫会社」と「海外子会社」において，「設立年」が明示されていない企業が7社存在している。
5）広東省「海外孫会社」と「海外子会社」において，「設立年」が明示されていない企業が11社存在している。
6）江蘇省「海外孫会社」と「海外子会社」において，「設立年」が明示されていない企業が3社存在している。

め，分布は相違しているといえる。したがって，上海市における「海外孫会社」設立動機と，「海外子会社」設立動機は相違しているといえる。

広東省における「海外孫会社」の「操業年」分布と，「海外子会社」の「操業年」分布は近似している。中央値の相違は1年であり，平均年の相違は1年程度であり，最頻値の相違も1年であり，標準偏差の相違も0.7であるので，分布は近似している。したがって，広東省における「海外孫会社」設立動機と，「海外子会社」設立動機は類似している可能性を指摘できる。

江蘇省における「海外孫会社」の「操業年」分布と，「海外子会社」の「操業年」分布は相違しているといえる。平均年の相違は2年程度であり，標準偏差の相違は0.2であるが，中央値の相違は3年であり，最頻値の相違は6年で

あるので，分布は相違しているといえる。したがって，江蘇省における「海外孫会社」設立動機と，「海外子会社」設立動機は相違しているといえる。

したがって，中国全体としては，「海外孫会社」設立動機と「海外子会社」設立動機は相違しているといえる。

3−3　まとめ

本章では，いくつかのことを明らかにした。

第1に，中国における「海外孫会社」比率は10％程度の上海市と江蘇省と，30％を超える広東省とに2分されることである。一般的な「海外孫会社」比率がどの程度であるかは，4章以降を見ていくことで明らかにしていきたい。

第2に，「海外子会社」が設立されている市・省・地域・国としては，香港「海外子会社」のシェアは高く，シンガポール「海外子会社」のシェアは低かったことである。上海市と接している江蘇省においてのみ，香港のシェアは2番目に高かったが，上海市においても広東省においても，香港「海外子会社」のシェアが最も高かった。地理的近接性，歴史的経緯，1国2制度等を考慮すれば，香港「海外子会社」のシェアが高く，シンガポール「海外子会社」のシェアが低いことは当然と考えることができる。

第3に，中国全体としては，「海外孫会社」の「操業年」分布と「海外子会社」の「操業年」分布は相違しているといえるので，「海外孫会社」設立動機と「海外子会社」設立動機は相違しているといえる。

第4に，事業内容として管理や統括などの記述がないにも関わらず，「海外孫会社」に出資している「海外子会社」の比率は57％〜90％であり，過半数以上の「海外子会社」の事業内容に，出資している事実は反映されていなかった。この結果をどのように分析すべきかは，明らかではない。

【注】

1）重複カウントしたデータと重複カウントしていないデータを同時に示すと，混乱して誤解する人がいるかもしれないため，どちらか片方のデータのみを示すべきであると考えている。本書では，「海外孫会社」から見た時の「海外子会社」のデータに関心があるので，「海外子会社」のデータはすべて重複カウントを行ったデータのみを示している。
2）「2014総覧」データは，国内の上場・非上場会社5,978社へのアンケート調査（原則2013年10月現在：回収率56%）に基づいた上で，有価証券報告書等も用いている。
3）安室（2012）p.124において，ごく一部の対外直接投資しかアンケートに回答していないことが報告されている。回答していない理由としては，本社による対外直接投資について聞かれていることと，海外子会社以下の対外直接投資は，本社の管轄外であることを挙げている。
4）一般的には，「海外子会社」は1972年から本格的に増加を始めたのに対して，1985年のプラザ合意以降の「海外子会社」の増加に伴って，「海外孫会社」は増加を始めた。このことが「操業年」分布に一定の影響を与えていることに留意しなければならない。

　　しかし，1985年から30年近く経過していることと，「操業年」が1972年から1985年である「海外子会社」の一定数はすでに撤退したために，「2014総覧」に記載されていないことと，1985年版『海外進出企業総覧』の海外現地法人数は7,684社であるのに対して，「2014総覧」では26,060社に増加していることを考慮すれば，1972年頃から1985年頃まで存在していた「海外子会社」の，「操業年」分布に与える影響の程度は低いと考えることが可能である。

第4章

ASEAN4（タイ，インドネシア，マレーシア，フィリピン）への対外直接投資により設立された「海外孫会社」と「海外子会社」

4-1 はじめに

　1985年のプラザ合意以降，日本企業のASEAN4への対外直接投資は増加した。1985年度において最も多かったインドネシアでも4億ドル程度しかなく，タイ，マレーシア，フィリピンでは1億ドル未満しかなかった[1]。1990年代以降は中国への関心が高くなり，ASEAN4への関心は相対的には低下した。しかし，ASEAN4への実際の進出は増加していた。1997年のアジア金融危機や，2000年代後半のリーマンショック等の影響により，一時的な低下は見られたが，ASEAN4への対外直接投資は増加した。2014年（国際収支ベース，ネット，フロー）において，最も少ないフィリピンでも5億ドル弱，マレーシアは10億ドル弱，インドネシアは40億ドル強，タイは50億ドル以上に増加した[2]。

　増加した対外直接投資は海外現地法人数の増加を意味し[3]，海外現地法人数の増加は海外現地法人への管理の充実を必要とする。そして，管理の充実のための方策の1つとして，地域統括会社の利用がある[4]。この状況において，シンガポールは1986年に地域統括会社誘致に取り組み，マレーシア，タイ，フィリピンもシンガポールに触発されて，地域統括会社誘致に取り組んだ。結果

として，ASEAN4 に多くの地域統括会社（「海外子会社」）と「海外孫会社」が設立された可能性が存在する。

　4 － 2 節では，ASEAN4 であるタイ，インドネシア，マレーシア，フィリピンにおける「海外孫会社」と「海外子会社」の事業目的等を示すことで，ASEAN4 における「海外孫会社」と「海外子会社」の特徴を明らかにする。4 － 3 節ではまとめを行う。

4 － 2 　「海外孫会社」と「海外子会社」の特徴

　「2014 総覧」において，ASEAN4 における海外現地法人は 4 カ国とも 100 社以上（タイ 1,956 社，インドネシア 944 社，マレーシア 841 社，フィリピン 479 社）存在している。したがって，海外現地法人が 100 社以上という第 1 の基準に基づく時には，4 カ国すべてが分析対象となる。

　第 2 の基準は，海外現地法人数の上位 3 カ国であることであるが，本章では 4 カ国を対象とする。日本企業の東南アジアへの進出は ASEAN4 を中心としていたことと，海外現地法人数が 4 番目に多いフィリピンが 479 社であるのに対して，アメリカにおいて 3 番目に多いイリノイ州は 250 社であることを考慮して，4 カ国を対象とする。ASEAN4 である 4 カ国を見ることで，日本企業の東南アジアへの進出傾向を明らかにできる。以下ではタイ，インドネシア，マレーシア，フィリピンの順に，「海外孫会社」比率，「海外子会社」の事業内容，設立地域・国，「操業年」，「海外孫会社」の事業内容，および「操業年」を見ていく。

「海外孫会社」比率

　図表 4 － 1 によれば，タイの「海外孫会社」比率は 6.5%（＝128 社／1,956 社），インドネシアは 10.6%（＝100 社／944 社），マレーシアは 16.5%（＝139 社／841 社），フィリピンは 11.9%（＝57 社／479 社）であった。タイの「海外孫会社」比率の低さと，マレーシアの「海外孫会社」比率の高さは目につくが，

第 4 章　ASEAN4 への対外直接投資により設立された「海外孫会社」と「海外子会社」

図表 4 - 1　ASEAN4 における「海外孫会社」比率

ASEAN4	「海外孫会社」比率
タイ（128 社）	6.5%
インドネシア（100 社）	10.6%
マレーシア（139 社）	16.5%
フィリピン（57 社）	11.9%

出所）「2014 総覧」より筆者作成。

ASEAN4 における「海外孫会社」比率は 10% 程度であると見ることができる。10% 程度というのは，中国の「海外孫会社」比率 10% 程度（広東省を除く）と類似しており，アジア地域における「海外孫会社」比率は 10% 程度と見ることは可能である。

「海外子会社」

「2014 総覧」に掲載されている事業内容は多様であり，ほぼ同じ内容であるにもかかわらず，さまざまな表現が使われている。「海外子会社」の事業内容を，第 2 部に示したキーワードに基づいて「製造」，「販売」，「サービス」，「統括」に分類して，図表 4 - 2 に示す。

図表 4 - 2 では，「海外子会社」数を重複カウントすることで，「海外子会社」数と「海外孫会社」数をイコールとしている。「海外孫会社」から見た時の

図表 4 - 2　ASEAN4 における「海外子会社」の事業内容

「海外子会社」の事業内容	「製造」	「販売」	「サービス」	「統括」
タイ（128 社）	30%	46%	9%	15%
インドネシア（100 社）	36%	37%	17%	10%
マレーシア（139 社）	29%	38%	21%	12%
フィリピン（57 社）	37%	30%	18%	16%

出所）「2014 総覧」より筆者作成。
注）1）四捨五入のため，合計 100% とならない国がある。
　　2）「海外子会社」数は重複カウントしているので，「海外孫会社」数とイコールとなっている。

「海外子会社」の特徴を明らかにしたいと考えているためである。

　図表4－2によれば，ASEAN4における特徴としては，「製造」が30％程度，「販売」が40％程度であり，「製造」と「販売」のシェアが高いことである。「製造」の30％程度は，世界の工場と見られている中国「海外子会社」の「製造」シェア30％程度と同程度である。また，「統括」は10％強であり，中国の10％程度（江蘇省を除く）よりも高いといえる。

　「海外子会社」の事業内容が「統括」ではなくても，統括等も事業内容の1つとしている「海外子会社」が存在している。事業内容としては，「製造」や「販売」や「サービス」であっても，統括等も事業内容としている「海外子会社」がどの程度存在しているのかは，図表4－3に示している。

　図表4－2において「統括」を事業内容とする「海外子会社」と，図表4－3において「製造」や「販売」や「サービス」と分類しているが，統括等も事業内容としている「海外子会社」とを合計した時のシェアはタイ33％（＝15％＋18％），インドネシア21％（＝10％＋11％），マレーシア21％（＝12％＋9％），フィリピン34％（＝16％＋18％）となる。

　上述の数値から，事業内容として管理や統括などの記述がないにも関わらず，「海外孫会社」に出資している「海外子会社」のシェアはタイ67％（＝100％－

図表4－3　ASEAN4で「製造」や「販売」や「サービス」を事業内容としていて，統括等も事業内容としている「海外子会社」

「海外子会社」の事業内容	統括等
タイ（128社）	18％
インドネシア（100社）	11％
マレーシア（139社）	9％
フィリピン（57社）	18％

出所）「2014総覧」より筆者作成。
注）1）示されている比率は128社，100社，139社，57社のうち，統括等も事業内容としている「海外子会社」の比率である。
　　2）「海外子会社」数は重複カウントしているので，「海外孫会社」数とイコールとなっている。

第 4 章 ASEAN4 への対外直接投資により設立された「海外孫会社」と「海外子会社」

33%), インドネシア 79%(=100%-21%), マレーシア 79%(=100%-21%), フィリピン 66%(=100%-34%)となる。

中国「海外孫会社」に出資している「海外子会社」においても, 事業内容として管理や統括などの記述がないにも関わらず,「海外孫会社」に出資している「海外子会社」の比率 57%〜90%は, ASEAN4 における 66%〜79%と類似している。したがって, 記述のない理由として 3 章 3 節で指摘したことが, 本章においても有効である。つまり, 本社担当者の忙しさや, 本社担当者の管轄外であることや, 事業内容が変化したにも関わらず当初の事業内容を修正せずに書いていることが, 出資している事実の記載されていない理由である可能性がある。

図表 4 − 4 は「海外子会社」が設立されている地域・国を示すものであり, 4 つの特徴がある。

第 1 の特徴は, シンガポールのシェアが高いことである。4 カ国すべてにおいて, シンガポールのシェアが最も高く, インドネシアとマレーシアにおいては 70%以上のシェアとなっている。

第 2 の特徴は, 香港のシェアが低いことである。最も高いタイでも 10%未満であり, 上位 3 位もしくは 4 位であり, 低い。なぜ, 香港のシェアは低いのであろうか。税理士法人 名南経営 NAC 国際会計グループ編(2013)によれば, 統括会社設立場所に関して中国, 香港, シンガポール, タイ, インドネシアを,

図表 4 − 4　ASEAN4「海外子会社」が設立されている地域・国

「海外子会社」設立地域・国 「海外孫会社」設立国	シンガポール	タイ	香港	オランダ	マレーシア	インドネシア	フィリピン	アメリカ	その他
タイ (128 社)	49%	34%	9%	5%	1%	0%	0%	1%	1%
インドネシア (100 社)	71%	7%	5%	1%	1%	14%	0%	0%	1%
マレーシア (139 社)	78%	2%	5%	1%	11%	0%	0%	1%	2%
フィリピン (57 社)	49%	4%	5%	9%	0%	2%	28%	4%	0%

出所)「2014 総覧」より筆者作成。
注) 1) 四捨五入のため, 合計 100%とならない国がある。
　　2)「海外子会社」数は重複カウントしているので,「海外孫会社」数とイコールとなっている。

地理的利便性とインフラと税務について検討した結果,香港とシンガポールの優位性は明らかであると指摘している[5]。したがって,上述の指摘が妥当であるのならば,シンガポールのシェアとともに,香港のシェアも高いはずであるが,低かった。

　第3の特徴は,「海外孫会社」と「海外子会社」は同じ国であることが多いことである。具体的には,タイ「海外孫会社」に出資している「海外子会社」のうち,タイ「海外子会社」のシェアは34%,インドネシアでのインドネシア「海外子会社」のシェアは14%,マレーシアでのマレーシア「海外子会社」のシェアは11%,フィリピンでのフィリピン「海外子会社」のシェアは28%であり,4カ国すべてで2位のシェアを占めている。

　第4の特徴は,4カ国すべてにおいて,オランダが存在していることである。ヨーロッパに位置しているオランダ「海外子会社」が,アジアに位置するASEAN4「海外孫会社」に対して,経営上の指示を与えるとは考えにくい。このため,オランダ「海外子会社」の存在する理由は,企業グループにおける国際税務戦略が関係していると考えられる。しかし,国際税務戦略が関係しているとしても,なぜオランダなのであろうか。シンガポールにおいても国際税務戦略に必要な機能を果たすことが可能であるように見えるにも関わらず,なぜオランダなのかの説明は困難である[6]。

　第5の特徴は,アメリカ「海外子会社」が存在していることである(インドネシアを除く)。アメリカに位置している「海外子会社」が,アジアに位置するASEAN4「海外孫会社」に対して,経営上の指示を与えるとは考えにくい。また,アメリカはタックス・ヘイブンとは見なされていないため,企業グループにおける国際税務戦略が関係しているとは考えにくい。したがって,アメリカ「海外子会社」の存在を説明することはより困難である。

　ここまでは,海外現地法人の多さからタイ,インドネシア,マレーシア,フィリピンに注目し,タイ,インドネシア,マレーシア,フィリピン「海外子会社」について見てきた。次に,タイ,インドネシア,マレーシア,フィリピン「海外孫会社」について見ていく。

第4章 ASEAN4への対外直接投資により設立された「海外孫会社」と「海外子会社」 ◎── 41

「海外孫会社」

　図表4－5はASEAN4における「海外孫会社」の事業内容を示すものであり，3つの特徴がある。第1の特徴は，「製造」シェアが高いことである。「製造」シェアが高いことは，ASEAN4がまだ先進国ではないことと整合的である。第2の特徴は，「販売」シェアが高いことである。第3の特徴は，「統括」シェアが0％～1％であり，低いことである。「統括」シェアの低さは，中国において「統括」シェアが0％であったことと類似している。

図表4－5　ASEAN4「海外孫会社」の事業内容

「海外孫会社」の事業内容	「製造」	「販売」	「サービス」	「統括」
タイ（127社[1]）	46%	38%	16%	0%
インドネシア（100社）	47%	35%	18%	0%
マレーシア（139社）	37%	38%	24%	1%
フィリピン（57社）	42%	37%	21%	0%

出所）「2014総覧」より筆者作成。
注）1）「海外孫会社」総数は128社であるが，分類不能の「海外孫会社」1社を除外している。

　「海外孫会社」の事業内容を示す図表4－5と，「海外子会社」の事業内容を示す図表4－2の相違は，「統括」シェアが0％～1％なのか，10％強存在するのかの相違である。それ以外の相違としては，図表4－5では「製造」シェアが高いのに対して，図表4－2では「販売」シェアが高いことである。

「操業年」分布

　「海外孫会社」と「海外子会社」の「操業年」を示している図表4－6を分析することで，「海外孫会社」設立動機が「海外子会社」設立動機と類似していると見ることができるのか，あるいは相違しているのかについての検討ができる。

　図表4－6は，「操業年」分布状況を示している。「海外孫会社」の「操業年」分布，つまり，平均年や中央値や最頻値や標準偏差が，「海外子会社」の「操

図表 4 − 6　ASEAN4「海外孫会社」と「海外子会社」における「操業年」

	中央値	平均年	最頻値	標準偏差	企業数
タイ「海外孫会社」	1999 年	1998.2 年	1997 年	10.8	127[4]
タイ「海外子会社」	1998 年	1997.1 年	1996 年	11.5	127
インドネシア「海外孫会社」	2000 年	1999.4 年	2012 年	10.4	99[5]
インドネシア「海外子会社」	1997 年	1998.1 年	2012 年	11.9	99
マレーシア「海外孫会社」	1994 年	1994.5 年	1993 年	9.9	133[6]
マレーシア「海外子会社」	1993 年	1993.4 年	1989 年	10.4	133
フィリピン「海外孫会社」	1997.5 年	1998.7 年	1996 年	8.9	54[7]
フィリピン「海外子会社」	1996 年	1995.3 年	1995 年	11.3	54

出所）「2014 総覧」より筆者作成。
注）　1)「2014 総覧」では，設立年と操業年が混在しており，設立年も「操業年」として示している。
　　2)「2014 総覧」においては，設立年と操業年が混在しているので，月データまで分析しても，意味のある分析データとはならない。このため月データは入力しておらず，年データを入力して，平均年を算出している。したがって，図表 4 − 6 における小数点以下の平均年は参考データとしてしか利用できない。
　　3)「海外子会社」数は重複カウントしているので，「海外孫会社」数とイコールとなっている。
　　4)　タイ「海外孫会社」と「海外子会社」において，「設立年」が明示されていない企業が 1 社存在している。
　　5)　インドネシア「海外孫会社」と「海外子会社」において，「設立年」が明示されていない企業が 1 社存在している。
　　6)　マレーシア「海外孫会社」と「海外子会社」において，「設立年」が明示されていない企業が 6 社存在している。
　　7)　フィリピン「海外孫会社」と「海外子会社」において，「設立年」が明示されていない企業が 3 社存在している。

業年」分布と近似しているのならば，「海外孫会社」設立動機と「海外子会社」設立動機が類似している可能性を指摘できる。分布に無視できない相違があるのならば，設立動機が相違するといえる[7]。

　図表 4 − 6 から，ASEAN4 全体としては，「海外孫会社」の「操業年」分布と「海外子会社」の「操業年」分布は相違しているといえる。以下では，タイ，インドネシア，マレーシア，フィリピン「海外孫会社」の「操業年」分布と，「海外子会社」の「操業年」分布について詳細に見ていく。

　タイにおける「海外孫会社」の「操業年」分布と，「海外子会社」の「操業

年」分布は近似している。中央値の相違は1年であり，平均年の相違は1年程度であり，最頻値の相違は1年であり，標準偏差の相違も0.7であるので，分布は近似している。したがって，タイにおける「海外孫会社」設立動機と，「海外子会社」設立動機が類似している可能性を指摘できる。

インドネシアにおける「海外孫会社」の「操業年」分布と，「海外子会社」の「操業年」分布は相違しているといえる。平均年の相違は1年程度であり，最頻値は同じであり，標準偏差の相違も1.5であるが，中央値の相違は3年であるため，分布は相違しているといえる。したがって，インドネシアにおける「海外孫会社」設立動機と，「海外子会社」設立動機は相違しているといえる。

マレーシアにおける「海外孫会社」の「操業年」分布と，「海外子会社」の「操業年」分布は相違しているといえる。中央値の相違は1年であり，平均年の相違は1年程度であり，標準偏差の相違も0.5であるが，最頻値の相違4年であるため，分布は相違しているといえる。したがって，マレーシアにおける「海外孫会社」設立動機と，「海外子会社」は相違しているといえる。

フィリピンにおける「海外孫会社」の「操業年」分布と，「海外子会社」の「操業年」分布は相違しているといえる。標準偏差の相違は2.4であり，中央値の相違は1.5年であり，最頻値の相違も1年であるが，平均年の相違は3年程度であるため，分布は相違しているといえる。したがって，フィリピンにおける「海外孫会社」設立動機と，「海外子会社」設立動機は相違しているといえる。

したがって，ASEAN4全体としては，「海外孫会社」設立動機と「海外子会社」設立動機は相違しているといえる。

4－3　まとめ

本章では，いくつかのことを明らかにした。

第1に，ASEAN4における「海外孫会社」比率は10%程度であることである。10%程度であることは，中国の「海外孫会社」比率10%程度（広東省を除

く）と類似しており，アジアにおける「海外孫会社」比率が10％程度と見ることは可能である。

　第2に，4カ国すべてにおいて，オランダ「海外子会社」が存在していたことである。オランダ「海外子会社」が存在していたのは国際税務戦略としてであろうということは予想できる。しかし，節税に関してであれば，シンガポールや香港が同様な機能を持っている。ヨーロッパに位置しているオランダ「海外子会社」が，なぜアジアに位置する「海外孫会社」に出資するのかを説明することは困難である。

　第3に，「海外子会社」が設立された国としては，シンガポールが多いことである。「海外子会社」の49％～78％はシンガポール「海外子会社」であった。

　第4に，ASEAN4全体としては，「海外孫会社」の「操業年」分布と「海外子会社」の「操業年」分布は，相違しているといえる。したがって，ASEAN4全体としては，「海外孫会社」設立動機と「海外子会社」設立動機は相違しているといえる。

　第5に，事業内容として管理や統括などの記述がないにも関わらず，「海外孫会社」に出資している「海外子会社」の比率は66％～79％である。したがって，過半数以上の「海外子会社」は，「海外孫会社」に出資している事実を，事業内容に反映させていなかった。この結果をどのように分析すべきかは，明らかではない。

【注】

1）『アジア経済2000』参考統計 pp. 336-337 の日本大蔵省統計，届出ベース（ドル建て）に基づく。
2）日本貿易振興機構（ジェトロ）のホームページの統計ナビにおける「日本の直接投資」の長期データである（国際収支ベース，ネット，フロー）。http://www.jetro.go.jp/world/japan/stats/fdi/ 閲覧日 2015年11月20日。
3）設備増強などを目的とした再投資が存在していることや，1件当たりの対外直接投資額は時期によって相違することや，撤退する企業が存在することなどから，対外直

接投資額累計と海外現地法人数との間に厳密な関係はない。しかし，対外直接投資額累計の増加は，海外現地法人数を増加させる傾向を持つと見ている。

4) SCS Global 編（2014）では，シンガポール地域統括会社のイメージ（典型）として，日本人3人と現地人2人の計5人体制で，年間維持コストとして5,450万円～8,500万円としている。地域統括会社の実態を明らかにする研究は近年ほとんどないため，上述のイメージがどこまで実態を反映しているかは明らかではないが，地域統括会社の維持コストは企業に一定の負担をもたらす。

5) 税理士法人 名南経営 NAC 国際会計グループ編（2013）p. 39。

6) 日本とオランダとの間には租税条約が存在していることから，片山（1998）はオランダに海外子会社設立することが税コストにおいて有利であると述べている。しかし，どの本を見ても，オランダに節税目的の海外子会社を設立・維持するコストと，節税できる税額に関する具体的なデータは示されていなかった。また，シンガポールに節税目的の海外子会社を設立するコストと節税額も示されていなかった。このためシンガポールではなくオランダでなければならない明確な理由を見つけることはできなかった。

7) 3章の脚注2を参照してほしい。

第5章

アジアNIES（韓国，台湾，香港，シンガポール）への対外直接投資により設立された「海外孫会社」と「海外子会社」

5−1 はじめに

　1960年代後半には，日本での生産コストが上昇し，良質で大量の労働力を確保することが困難となり，海外に目を向けるようになった。日本企業が韓国，台湾，香港，シンガポールを注目するようになったのは，輸出に有利な条件を備えた輸出加工区や，日本からの距離の近さ[1]や，日本語の利用可能性[2]などが理由である。

　韓国，台湾等の台頭した要因の1つは，日本企業を含む多くの外国企業を輸出加工区に誘致できたからである。1971年のニクソンショック以降は，日本から韓国，台湾等への対外直接投資がより多く見られるようになった。

　韓国，台湾等への対外直接投資は1960年代後半における輸出指向型工業化戦略への転換に伴って多く見られるようになったにも関わらず，5−2節で見るように，「設立年」の中央値は1990年代から2000年代前半となっている。この結果は，1960年代後半から1970年代前半に進出した企業の多くが，何らかの理由で撤退した可能性を示唆するとともに，2000年代以降においても，アジアNIESへの進出が多く存在したことを意味している。

　1990年代から2000年代にかけての時期は，中国への関心が高い時期であっ

第5章 アジアNIESへの対外直接投資により設立された「海外孫会社」と「海外子会社」 ◎── 47

た。それにも関わらず，中央値が1990年代から2000年代前半であるということは，中国への関心が高い時期であっても，アジアNIESに進出する企業が一定数存在していたことを意味している。

5－2節では，アジアNIESである韓国，台湾，香港，シンガポールにおける「海外孫会社」と「海外子会社」の事業内容等を示すことで，アジアNIESにおける「海外孫会社」と「海外子会社」の特徴を明らかにする。5－3節ではまとめを行う。

5－2 「海外孫会社」と「海外子会社」の特徴

「2014総覧」において，アジアNIESでの海外現地法人は4カ国・地域とも100社以上（韓国855社，台湾995社，香港1,225社，シンガポール1,149社）である。したがって，海外現地法人が100社以上という第1の基準に基づく時には，4カ国・地域すべてが分析対象となる。

第2の基準は，海外現地法人数の上位3カ国・地域であることであるが，本章ではアジアNIESを対象とするので，4カ国・地域について見ていく。日本企業の東アジアへの進出初期にはアジアNIESを中心としていたことと，海外現地法人数が4番目に多い韓国が855社であるのに対して，アメリカにおいて3番目に多いイリノイ州は250社であることを考慮して，アジアNIESの4カ国・地域を対象とする。アジアNIESを見ることで，日本企業の東アジアへの進出傾向を明らかにできる。以下では韓国，台湾，香港，シンガポールの順に，「海外孫会社」比率，「海外子会社」の事業内容，設立地域・国，「操業年」，「海外孫会社」の事業内容，および「操業年」を見ていく。

「海外孫会社」比率

図表5－1によれば，韓国の「海外孫会社」比率は3.2%（＝27社／855社），台湾は6.6%（＝66社／995社），香港は8.6%（＝105社／1,225社），シンガポールは9.2%（＝106社／1,149社）なので，アジアNIESにおける「海外孫会社」

図表 5 − 1　アジア NIES における「海外孫会社」比率

アジア NIES	「海外孫会社」比率
韓国（27 社）	3.2%
台湾（66 社）	6.6%
香港（105 社）	8.6%
シンガポール（106 社）	9.2%

出所）「2014 総覧」より筆者作成。

比率は 7%程度，あるいは 10%以下と見ることができる。ASEAN4 における「海外孫会社」比率は 10%程度であり，中国の「海外孫会社」比率も 10%程度（広東省を除く）であることから，アジアにおける「海外孫会社」比率は 10%程度であると見ることは可能である。

「海外子会社」

「2014 総覧」に掲載されている事業内容は多様であり，ほぼ同じ内容であるにもかかわらず，さまざまな表現が使われている。「海外子会社」の事業内容を，第 2 部に示したキーワードに基づいて「製造」，「販売」，「サービス」，「統括」に分類して，図表 5 − 2 に示す。

図表 5 − 2 では，「海外子会社」数を重複カウントすることで，「海外子会社」数と「海外孫会社」数をイコールとしている。「海外孫会社」から見た時の

図表 5 − 2　アジア NIES における「海外子会社」の事業内容

「海外子会社」の事業内容	「製造」	「販売」	「サービス」	「統括」
韓国（27 社）	33%	19%	22%	26%
台湾（66 社）	15%	44%	18%	23%
香港（105 社）	25%	19%	27%	30%
シンガポール（106 社）	13%	27%	29%	30%

出所）「2014 総覧」より筆者作成。
注）1）四捨五入のため，合計 100%とならない国・地域がある。
　　2）「海外子会社」数は重複カウントしているので，「海外孫会社」数とイコールとなっている。

第5章　アジアNIESへの対外直接投資により設立された「海外孫会社」と「海外子会社」　◎――49

「海外子会社」の特徴を明らかにしたいと考えているためである。

　図表5－2によれば，アジアNIESの特徴としては，「統括」シェアが25%程度と高いことである。香港とシンガポールでは「統括」シェアが最も高く，韓国と台湾でも「統括」シェアは2番目に高い。

　「海外子会社」の事業内容が「統括」ではなくても，統括等も事業内容の1つとしている「海外子会社」が存在している。事業内容としては，「製造」や「販売」や「サービス」であっても，統括等も事業内容としている「海外子会社」がどの程度存在しているのかは，図表5－3に示している。

　図表5－2において「統括」を事業内容とする「海外子会社」と，図表5－3において「製造」や「販売」や「サービス」と分類しているが，統括等も事業内容としている「海外子会社」とを合計した時のシェアは韓国33%（＝26%＋7%），台湾34%（＝23%＋11%），香港38%（＝30%＋8%），シンガポール38%（＝30%＋8%）となる。

　上述の数値から，事業内容として管理や統括などの記述がないにも関わらず，「海外孫会社」に出資している「海外子会社」のシェアは韓国67%（＝100%－33%），台湾66%（＝100%－34%），香港62%（＝100%－38%），シンガポール62%（＝100%－38%）となる。

図表5－3　アジアNIESで「製造」や「販売」や「サービス」を事業内容としていて，統括等も事業内容としている「海外子会社」

「海外子会社」の事業内容	統括等
韓国（27社）	7%
台湾（66社）	11%
香港（105社）	8%
シンガポール（106社）	8%

出所）「2014総覧」より筆者作成。
注）1）示されている比率は27社，66社，105社，106社のうち，統括等も事業内容としている「海外子会社」の比率である。
　　2）「海外子会社」数は重複カウントしているので，「海外孫会社」数とイコールとなっている。

中国「海外子会社」において，事業内容として管理や統括などの記述がないにも関わらず，「海外孫会社」に出資している「海外子会社」の比率は57%～90%，ASEAN4では66%～79%であり，アジアNIESでの62%～67%と類似している。したがって，記述のない理由として3章3節および4章3節で指摘したことが，本章においても有効である。つまり，本社担当者の忙しさや，本社担当者の管轄外であることや，事業内容が変化したにも関わらず当初の事業内容を修正せずに書いていることが，出資している事実の記載されていない理由である可能性がある。

図表5－4は「海外子会社」が設立されている地域・国を示すものであり，3つの特徴がある。

第1の特徴は，「海外孫会社」と「海外子会社」は同じ地域・国であることが多いことである。具体的には，韓国「海外孫会社」に出資している「海外子会社」のうち，韓国「海外子会社」のシェアは30%，台湾での台湾「海外子会社」のシェアは26%，香港での香港「海外子会社」のシェアは51%，シンガポールでのシンガポール「海外子会社」のシェアは58%であり，3カ国・地域で1位，台湾では3位のシェアを占めている。

第2の特徴は，4カ国・地域すべてにおいて，オランダ「海外子会社」が存在していることである。ヨーロッパに位置しているオランダ「海外子会社」が，アジアに位置するアジアNIES「海外孫会社」に対して，経営上の指示を与え

図表5－4 アジアNIES「海外子会社」が設立されている地域・国

「海外孫会社」設立国 ＼ 「海外子会社」設立地域・国	シンガポール	香港	台湾	韓国	オランダ	アメリカ	その他
韓国（27社）	19%	22%	0%	30%	11%	15%	4%
台湾（66社）	29%	27%	26%	0%	9%	8%	2%
香港（105社）	23%	51%	1%	1%	9%	9%	7%
シンガポール（106社）	58%	18%	3%	0%	8%	3%	11%

出所）「2014総覧」より筆者作成。
注）1）四捨五入のため，合計100%とならない国・地域がある。
　　2）「海外子会社」数は重複カウントしているので，「海外孫会社」数とイコールとなっている。

るとは考えにくい。このため，オランダ「海外子会社」の存在する理由は，企業グループにおける国際税務戦略が関係していると考えられる。しかし，国際税務戦略が関係しているとしても，なぜオランダなのであろうか。シンガポールにおいても国際税務戦略に必要な機能を果たすことが可能であるように見えるにも関わらず，なぜオランダなのかの説明は困難である[3)]。

　第3の特徴は，4カ国・地域すべてにおいて，アメリカ「海外子会社」が存在していることである。アメリカに位置している「海外子会社」が，アジアに位置するアジアNIES「海外孫会社」に対して，経営上の指示を与えるとは考えにくい。また，アメリカはタックス・ヘイブンとは見なされていないため，企業グループにおける国際税務戦略が関係していたとは考えにくい。したがって，アメリカ「海外子会社」の存在を説明することはより困難である。

　ここまでは，現地法人の多さから韓国，台湾，香港，シンガポールに注目し，韓国，台湾，香港，シンガポール「海外子会社」について見てきた。次に，韓国，台湾，香港，シンガポール「海外孫会社」について見ていく。

「海外孫会社」

　図表5－5はアジアNIESにおける「海外孫会社」の事業内容を示すものであり，3つの特徴がある。第1の特徴は，「販売」と「サービス」のシェアが高いことであり，30％を超えている（台湾における「サービス」を除く）ことである。第2の特徴は，韓国における事業内容がほかの3カ国・地域とは相違しており，韓国における「製造」シェアは37％と高いことである。第3の特徴は，「統括」シェアが低いことである（香港を除く）。中国においても，ASEAN4においても「統括」は0％あるいはほぼ0％であったことから，アジアにおける「統括」シェアは低いといえる。

　「海外孫会社」の事業内容を示す図表5－5と，「海外子会社」の事業内容を示す図表5－2の相違は，「統括」シェアが0％あるいはほぼ0％（香港を除く）であるのか，25％程度存在するのかの相違である。それ以外の相違としては，図表5－5の方が「販売」と「サービス」のシェアが高いことである。

第2部 日本企業の対外直接投資により設立された「海外子会社」と「海外孫会社」

図表5-5 アジアNIES「海外孫会社」の事業内容

「海外孫会社」の事業内容	「製造」	「販売」	「サービス」	「統括」
韓国（27社）	37%	30%	33%	0%
台湾（66社）	17%	58%	26%	0%
香港（105社）	17%	41%	34%	8%
シンガポール（106社）	13%	44%	41%	2%

出所）「2014総覧」より筆者作成。
注）四捨五入のため，合計100%とならない国がある。

「操業年」分布

　「海外孫会社」と「海外子会社」の「操業年」を示している図表5-6を分析することで，「海外孫会社」設立動機が「海外子会社」設立動機と類似していると見ることができるのか，あるいは相違しているのかについての検討ができる。

　図表5-6は，「操業年」分布状況を示している。「海外孫会社」の「操業年」分布，つまり，平均年や中央値や最頻値や標準偏差が，「海外子会社」の「操業年」分布と近似しているのならば，「海外孫会社」設立動機と「海外子会社」設立動機が類似している可能性を指摘できる。分布に無視できない相違があるのならば，設立動機が相違するといえる[4]。

　図表5-6から，アジアNIESにおける「海外孫会社」の「操業年」分布と，「海外子会社」の「操業年」分布は相違しているといえる。以下では，韓国，台湾，香港，シンガポール「海外孫会社」の「操業年」分布と，「海外子会社」の「操業年」分布について詳細に見ていく。

　韓国における「海外孫会社」の「操業年」分布と，「海外子会社」の「操業年」分布は相違しているといえる。中央値の相違は1.5年であり，平均年の相違は2年程度であり，標準偏差の相違も0.3ではあるが，最頻値の相違は8年であり，分布は相違しているといえる。したがって，韓国における「海外孫会社」設立動機と，「海外子会社」設立動機は相違しているといえる。

　台湾における「海外孫会社」の「操業年」分布と，「海外子会社」の「操業

第5章 アジアNIESへの対外直接投資により設立された「海外孫会社」と「海外子会社」　◎── 53

図表5-6　アジアNIES「海外孫会社」と「海外子会社」における「操業年」

	中央値	平均年	最頻値	標準偏差	企業数
韓国「海外孫会社」	2002.5年	2000.3年	1996年	11.0	24[4]
韓国「海外子会社」	2001年	1998.5年	2004年	11.3	24
台湾「海外孫会社」	1998年	1996.4年	1999年	9.8	63[5]
台湾「海外子会社」	1995年	1993.0年	1988年	12.9	63
香港「海外孫会社」	1994年	1993.3年	2002年	12.8	100[6]
香港「海外子会社」	1995年	1994.0年	1995年	12.0	100
シンガポール「海外孫会社」	1995年	1994.0年	2003年	15.2	92[7]
シンガポール「海外子会社」	1995年	1994.0年	2011年	12.4	92

出所）「2014総覧」より筆者作成。
注）1）「2014総覧」では，設立年と操業年が混在しており，設立年も「操業年」として示している。
　　2）「2014総覧」においては，設立年と操業年が混在しているので，月データまで分析しても，意味のある分析データとはならない。このため月データは入力しておらず，年データを入力して，平均年を算出している。したがって，図表5-6における小数点以下の平均年は参考データとしてしか利用できない。
　　3）「海外子会社」数は重複カウントしているので，「海外孫会社」数とイコールとなっている。
　　4）韓国「海外孫会社」と「海外子会社」において，「設立年」が明示されていない企業が3社存在している。
　　5）台湾「海外孫会社」と「海外子会社」において，「設立年」が明示されていない企業が3社存在している。
　　6）香港「海外孫会社」と「海外子会社」において，「設立年」が明示されていない企業が5社存在している。
　　7）シンガポール「海外孫会社」と「海外子会社」において，「設立年」が明示されていない企業が14社存在している。

年」分布は相違しているといえる。中央値の相違は3年であり，平均年の相違は3年程度であり，標準偏差の相違は3.1であり，さらに最頻値の相違は11年であるため，分布は相違しているといえる。したがって，台湾における「海外孫会社」設立動機と，「海外子会社」設立動機は相違しているといえる。

　香港における「海外孫会社」の「操業年」分布と，「海外子会社」の「操業年」分布は相違しているといえる。中央値の相違は1年であり，平均年の相違は1年程度であり，標準偏差の相違も0.8ではあるが，最頻値の相違は7年であるため，分布は相違しているといえる。したがって，香港における「海外孫

会社」設立動機と,「海外子会社」設立動機は相違しているといえる。

シンガポールにおける「海外孫会社」の「操業年」分布と,「海外子会社」の「操業年」分布は相違しているといえる。中央値は同じであり,平均年も同じではあるが,標準偏差の相違は2.8であり,最頻値の相違は8年であるため,分布は相違しているといえる。したがって,シンガポールにおける「海外孫会社」設立動機と,「海外子会社」設立動機は相違しているといえる。

したがって,アジアNIESにおける「海外孫会社」設立動機と,「海外子会社」設立動機は相違しているといえる。

5-3 まとめ

本章では,いくつかのことを明らかにした。

第1に,経済発展を遂げているにも関わらず,アジアNIESにおける「海外孫会社」比率は7%程度,あるいは10%以下であったことである。中国における「海外孫会社」比率よりも,より経済発展しているASEAN4における「海外孫会社」比率の方が高く,ASEAN4における「海外孫会社」比率よりも,より経済発展しているアジアNIESにおける「海外孫会社」比率の方が高いと予想していたが,そのような関係は見出せなかった。

第2に,4カ国・地域すべてにおいて,オランダ「海外子会社」とアメリカ「海外子会社」が存在していたことである。オランダについては国際税務戦略としてであろうことは予想できる。しかし,節税のための国際税務戦略が目的であれば,同様な機能をシンガポールや香港が持っているにも関わらず,なぜヨーロッパに位置しているオランダ「海外子会社」が,アジアに位置するアジアNIES「海外孫会社」に出資するのかを説明することは困難である。ましてや,タックス・ヘイブンとは見なされていないアメリカに位置している「海外子会社」が,アジアに位置するアジアNIES「海外孫会社」に出資する理由を説明することは,より困難である。

第3に,アジアNIESにおける「海外孫会社」の「操業年」分布と「海外子

会社」の「操業年」分布は相違しているといえる。したがって，アジアNIESにおける「海外孫会社」設立動機と「海外子会社」設立動機は相違しているといえる。

　第4に，事業内容として管理や統括などの記述がないにも関わらず，「海外孫会社」に出資している「海外子会社」の比率は62％〜67％であり，過半数以上の「海外子会社」は，「海外孫会社」に出資している事実を，事業内容に反映させていなかった。この結果をどのように分析すべきかは，明らかではない。

【注】

1) 対外直接投資に関しては，距離の要因にも注目すべきである。対外直接投資が増大しつつある初期においては，距離の近い国への対外直接投資がしばしば見られた。例えば，アメリカによる隣国であるカナダへの対外直接投資や，日本による隣国である韓国への対外直接投資や，韓国による隣国である中国への対外直接投資などが見られた。しかし，対外直接投資に慣れてくると，距離の要因の重要性は低下する。
2) 韓国と台湾は，第2次世界大戦までは日本の植民地であったことから，1960年代においては日本語を理解できる人が一定数存在していた。また，シンガポールも，第2次世界大戦中，一時的であるが，日本軍に占領されていた歴史があり，占領されていた時期にはシンガポールは昭南島と呼ばれていた。
3) 4章の脚注6を参照してほしい。
4) 3章の脚注2を参照してほしい。

第6章

ヨーロッパ（イギリス，ドイツ，オランダ）への対外直接投資により設立された「海外孫会社」と「海外子会社」

6-1 はじめに

　ヨーロッパとの貿易摩擦やEUの発足を契機として，日本からヨーロッパへの進出は増加した。進出動機としては，貿易摩擦回避や，新規市場の開拓や，既存市場の維持などであるが，収益は良くない状況にある。

　ヨーロッパでの収益が良くないことは，ヨーロッパへの新規対外直接投資を減少させることで，結果として，海外現地法人分布におけるヨーロッパの比率を低下させると予想できる。しかし，経済産業省大臣官房調査統計グループ経済産業省貿易経済協力局編（2015）によれば，2013年度の欧州の海外現地法人分布は11.6％で，北米の13.2％と同程度のシェアであり，低くない[1]。

　海外現地法人の平均利益率と対外直接投資額や件数が関連していないことは，実証を行う研究者には周知のことであり[2]，水戸（2005）では，学生を実験協力者として，先行企業の平均利益率情報と海外への投資意欲についての実験を行っている。

　日本企業はどのような理由でヨーロッパに対外直接投資を行っているのかについては，別の機会に検討することにして，本章はヨーロッパにおける「海外孫会社」と「海外子会社」についての検討を行う。

　6-2節では，ヨーロッパの主要国であるイギリス，ドイツ，オランダにおける「海外孫会社」と「海外子会社」の事業内容等を示すことで，ヨーロッ

第6章 ヨーロッパへの対外直接投資により設立された「海外孫会社」と「海外子会社」　◎── 57

における「海外孫会社」と「海外子会社」の特徴を明らかにする。6－3節ではまとめを行う。

6－2　「海外孫会社」と「海外子会社」の特徴

　「2014総覧」において，ヨーロッパでの海外現地法人で100社以上存在する国は，イギリス858社，ドイツ708社，オランダ416社，フランス397社，イタリア230社，ロシア170社，スペイン156社，ベルギー150社である。したがって，海外現地法人が100社以上という第1の基準に基づく時には，8カ国が分析対象となる。

　海外現地法人数の上位3カ国であるという第2の基準に基づく時，イギリス，ドイツ，オランダの3カ国が分析対象となる。この時，オランダの海外現地法人数と近似しているフランスを分析対象とするかどうかの判断をしなければならない。

　フランスについては，水戸（2013）において検討した時点では，ヨーロッパのほかの国における海外現地法人との出資を通じての連関の程度は低く，「海外孫会社」比率等において，ほかのヨーロッパの国とは異なった特徴を持っていた。本章ではヨーロッパにおける特徴を明らかにすることを目的とするので，フランスは分析対象とはしない。イギリス，ドイツ，オランダの3カ国を分析対象とすることで，日本企業のヨーロッパへの進出傾向を明らかにできると考えている。以下ではイギリス，ドイツ，オランダの順に，「海外孫会社」比率，「海外子会社」の事業内容，設立国，「操業年」，「海外孫会社」の事業内容，および「操業年」を見ていく。

「海外孫会社」比率

　図表6－1によれば，イギリスの「海外孫会社」比率は24.7%（＝212社／858社），ドイツは23.7%（＝168社／708社），オランダは23.6%（＝98社／416社）である。したがって，ヨーロッパにおける「海外孫会社」比率は24%程

図表6－1　ヨーロッパにおける「海外孫会社」比率

ヨーロッパ	「海外孫会社」比率
イギリス（212社）	24.7%
ドイツ（168社）	23.7%
オランダ（98社）	23.6%

出所）「2014総覧」より筆者作成。

度であると見ることができる。10%程度であるアジア（広東省を除く）における「海外孫会社」比率との相違は大きい。

「海外子会社」

「2014総覧」に掲載されている事業内容は多様であり，ほぼ同じ内容であるにもかかわらず，さまざまな表現が使われている。「海外子会社」の事業内容を，第2部に示したキーワードに基づいて「製造」，「販売」，「サービス」，「統括」に分類して，図表6－2に示す。

図表6－2では，「海外子会社」数を重複カウントすることで，「海外子会社」数と「海外孫会社」数をイコールとしている。「海外孫会社」から見た時の「海外子会社」の特徴を明らかにしたいと考えているためである。

図表6－2によれば，ヨーロッパ3カ国における特徴としては，「統括」シェアが36%以上と高いことである。10%程度（江蘇省を除く）である中国の「統括」シェアよりも，10%強であるASEAN4の「統括」シェアよりも，25

図表6－2　ヨーロッパにおける「海外子会社」の事業内容

「海外子会社」の事業内容	「製造」	「販売」	「サービス」	「統括」
イギリス（212社）	21%	26%	16%	37%
ドイツ（168社）	22%	35%	8%	36%
オランダ（98社）	6%	23%	10%	60%

出所）「2014総覧」より筆者作成。
注）1）四捨五入のため，合計100%とならない国がある。
　　2）「海外子会社」数は重複カウントしているので，「海外孫会社」数とイコールとなっている。

％程度であるアジアNIESの「統括」シェアよりも高い。最も低いドイツにおける「統括」シェアであっても36％であり、国際税務戦略の点で有利とされているオランダにおける「統括」シェアは60％に達している。

ヨーロッパ3カ国における「統括」シェアが高い理由の1つとして、「海外子会社」数を重複カウントしていることが影響した可能性がある。ヨーロッパ3カ国に地域統括会社が多く設立されており、地域統括会社がヨーロッパ3カ国に「海外孫会社」を多く設立しているのなら、「統括」シェアは高くなるからである。

「海外子会社」の事業内容は「統括」ではなくても、統括等も事業内容の1つとしている「海外子会社」が存在している。事業内容としては、「製造」や「販売」や「サービス」であっても、統括等も事業内容としている「海外子会社」がどの程度存在しているのかは、図表6－3に示している。

図表6－2において「統括」を事業内容とする「海外子会社」と、図表6－3において「製造」や「販売」や「サービス」を事業内容としていて、統括等も事業内容としている「海外子会社」とを合計した時のシェアはイギリス47％（＝37％＋10％）、ドイツ44％（＝36％＋8％）、オランダ72％（＝60％＋12％）となる。

上述の数値から、事業内容として管理や統括などの記述がないにも関わらず、

図表6－3 ヨーロッパで製造や販売やサービスとともに管理や統括などを事業内容としていて、統括等も事業内容としている「海外子会社」

「海外子会社」の事業内容	統括等
イギリス（212社）	10％
ドイツ（168社）	8％
オランダ（98社）	12％

出所）「2014総覧」より筆者作成。
注）1）示されている比率は212社、168社、98社のうち、統括等も事業内容としている「海外子会社」の比率である。
　　2）「海外子会社」数は重複カウントしているので、「海外孫会社」数とイコールとなっている。

「海外孫会社」に出資している「海外子会社」のシェアはイギリス 53%（＝100％－47%），ドイツ 56%（＝100%－44%），オランダ 28%（＝100%－72%）となる。

アジアにおけるシェアは，すべての地域・国において 50%以上（57%～90%）であったにも関わらず，ヨーロッパでは 50%未満（28%～47%）であった。この相違の理由は明らかではない。

図表 6－4 は「海外子会社」が設立されている国を示すものであり，3 つの特徴がある。

第 1 の特徴は，「海外孫会社」と「海外子会社」は同じ国であることが多いことである。具体的には，イギリス「海外孫会社」に出資している「海外子会社」のうち，イギリス「海外子会社」のシェアは 52%，ドイツでのドイツ「海外子会社」のシェアは 29%，オランダでのオランダ「海外子会社」のシェアは 69%であり，3 カ国で 1 位のシェアを占めている。

第 2 の特徴は，ベルギー「海外子会社」が，3 カ国すべてに存在していることである。国際税務戦略の点で，オランダに設立することの有利さは有名である。オランダに設立することの有利さを理解した上でベルギーに設立しているのなら，ベルギーに「海外子会社」を設立することの方が有利である条件が存在していると考えることができる。

第 3 の特徴は，アメリカ「海外子会社」が，3 カ国すべてに存在しているこ

図表 6－4　ヨーロッパ「海外子会社」が設立されている国

「海外孫会社」設立国 ＼ 「海外子会社」設立国	イギリス	ドイツ	オランダ	ベルギー	アメリカ	その他
イギリス（212 社）	52%	10%	18%	4%	9%	7%
ドイツ（168 社）	20%	29%	27%	7%	5%	13%
オランダ（98 社）	12%	8%	69%	4%	2%	4%

出所）「2014 総覧」より筆者作成。
注）1）四捨五入のため，合計 100%とならない国がある。
　　2）「海外子会社」数は重複カウントしているので，「海外子会社」数とイコールとなっている。

とである。アメリカに位置している「海外子会社」が，ヨーロッパに位置する「海外孫会社」に対して，経営上の指示を与えるとは考えにくい。また，アメリカはタックス・ヘイブンとは見なされていないため，企業グループにおける国際税務戦略が関係しているとは考えにくい。したがって，アメリカ「海外子会社」の存在を説明することは困難である。

　ここまでは，現地法人の多さからイギリス，ドイツ，オランダに注目し，イギリス，ドイツ，オランダ「海外子会社」について見てきた。次に，イギリス，ドイツ，オランダ「海外孫会社」について見ていく。

「海外孫会社」

　図表6－5はヨーロッパにおける「海外孫会社」の事業内容を示すものであり，3つの特徴がある。第1の特徴は，「販売」シェアが高いことである。ヨーロッパに進出する場合，ヨーロッパ市場を目的に進出することが考えられ，3カ国におけるシェアが40％以上であることと整合的である。第2の特徴は，「製造」シェアは20％程度存在していることである。ヨーロッパ市場を目的に進出するとしても，現地生産を要請されたり，輸送費等の理由で，生産も事業目的とせざるえないケースは考えることができる。第3の特徴は，「海外孫会社」であるにもかかわらず，「統括」を事業内容とする企業が存在していることである。中国においても，ASEAN4においても，アジアNIESにおいてもほぼ0％であり（香港を除く），アジアにおける「統括」シェアは低いといえる。それに対して，ヨーロッパにおいては5％程度存在している。「統括」を事業

図表6－5　ヨーロッパ「海外孫会社」の事業内容

「海外孫会社」の事業内容	「製造」	「販売」	「サービス」	「統括」
イギリス（212社）	25%	43%	27%	5%
ドイツ（168社）	28%	51%	18%	4%
オランダ（98社）	15%	48%	32%	5%

出所）「2014総覧」より筆者作成。
注）四捨五入のため，合計100％とならない国がある。

内容とする「海外孫会社」の存在は，曾孫会社や玄孫会社の存在を示唆している。

「海外孫会社」の事業内容を示す図表6－5と「海外子会社」の事業内容を示す図表6－2の相違は，「統括」シェアの相違である。それ以外の相違としては，図表6－5の方が「販売」と「サービス」のシェアが高いことである。

「操業年」分布

「海外孫会社」と「海外子会社」の「操業年」を示している図表6－6を分析することで，「海外孫会社」設立動機が「海外子会社」設立動機と類似していると見ることができるのか，あるいは相違しているのかについての検討ができる。

図表6－6は，「操業年」分布状況を示している。「海外孫会社」の「操業年」分布，つまり，平均年や中央値や最頻値や標準偏差が，「海外子会社」の「操業年」分布と近似しているのならば，「海外孫会社」設立動機と「海外子会社」設立動機が類似している可能性を指摘できる。分布に無視できない相違があるのならば，設立動機が相違するといえる[3]。

図表6－6から，ヨーロッパにおける「海外孫会社」の「操業年」分布と，「海外子会社」の「操業年」分布は相違しているといえる。以下では，イギリス，ドイツ，オランダ「海外孫会社」の「操業年」分布と，「海外子会社」の「操業年」分布について詳細に見ていく。

イギリスにおける「海外孫会社」の「操業年」分布と，「海外子会社」の「操業年」分布は相違しているといえる。最頻値の相違は2年であり，標準偏差の相違は0.1であるが，中央値の相違は3年であり，平均年の相違は3年程度であり，分布は相違しているといえる。したがって，イギリスにおける「海外孫会社」設立動機と，「海外子会社」設立動機は相違しているといえる。

ドイツにおける「海外孫会社」の「操業年」分布と，「海外子会社」の「操業年」分布は相違しているといえる。中央値の相違は1年であり，平均年の相違は2年程度であるが，標準偏差の相違は3.6であり，最頻値の相違は17年

第6章　ヨーロッパへの対外直接投資により設立された「海外孫会社」と「海外子会社」　◎――　63

図表6－6　ヨーロッパ「海外孫会社」と「海外子会社」における「操業年」

	中央値	平均年	最頻値	標準偏差	企業数
イギリス「海外孫会社」	1992年	1990.8年	1992年	14.9	169[4]
イギリス「海外子会社」	1995年	1993.9年	1990年	14.8	169
ドイツ「海外孫会社」	1991年	1989.5年	2008年	19.9	139[5]
ドイツ「海外子会社」	1992年	1991.2年	1991年	16.3	139
オランダ「海外孫会社」	1993年	1992.8年	2005年	16.1	87[6]
オランダ「海外子会社」	1996年	1994.6年	1990年	15.6	87

出所)「2014総覧」より筆者作成。
注）1)「2014総覧」では，設立年と操業年が混在しており，設立年も「操業年」として示している。
　　2)「2014総覧」においては，設立年と操業年が混在しているので，月データまで分析しても，意味のある分析データとはならない。このため月データは入力しておらず，年データを入力して，平均年を算出している。したがって，図表6－6における小数点以下の平均年は参考データとしてしか利用できない。
　　3)「海外子会社」数は重複カウントしているので，「海外孫会社」数とイコールとなっている。
　　4) イギリス「海外孫会社」と「海外子会社」において，「設立年」が明示されていない企業が43社存在している。
　　5) ドイツ「海外孫会社」と「海外子会社」において，「設立年」が明示されていない企業が29社存在している。
　　6) オランダ「海外孫会社」と「海外子会社」において，「設立年」が明示されていない企業11社存在している。

であるため，分布は相違しているといえる。したがって，ドイツにおける「海外孫会社」設立動機と，「海外子会社」設立動機は相違しているといえる。

　オランダにおける「海外孫会社」の「操業年」分布と，「海外子会社」の「操業年」分布は相違しているといえる。平均年の相違は2年程度であり，標準偏差の相違も0.5ではあるが，中央値の相違は3年であり，最頻値の相違は15年であるため，分布は相違しているといえる。したがって，オランダにおける「海外孫会社」設立動機と，「海外子会社」設立動機は相違しているといえる。

　したがって，ヨーロッパにおける「海外孫会社」設立動機と，「海外子会社」設立動機は相違しているといえる。

6-3 まとめ

　本章では，いくつかのことを明らかにした。

　第1に，ヨーロッパにおける「海外孫会社」比率は24％程度であり，10％程度以下であるアジアより高かったことである。

　第2に，3ヵ国すべてにおいて，アメリカに位置している「海外子会社」が存在していることである。アメリカに位置している「海外子会社」が，ヨーロッパに位置する「海外孫会社」に対して，経営上の指示を与えるとは考えにくい。また，タックス・ヘイブンとは見なされていないアメリカ「海外子会社」が国際税務戦略に関係していると考えることも困難である。したがって，アメリカ「海外子会社」の存在を説明することは困難である。

　第3に，ヨーロッパにおける「海外孫会社」の「操業年」分布と「海外子会社」の「操業年」分布は相違しているといえるので，ヨーロッパにおける「海外孫会社」設立動機と「海外子会社」設立動機は相違しているといえる。

　第4に，事業内容として管理や統括などの記述がないにも関わらず，「海外孫会社」に出資している「海外子会社」の比率は28％～47％であり，一定数の「海外子会社」は，「海外孫会社」に出資している事実を，事業内容に反映させていなかった。この結果をどのように分析すべきかは，明らかではない。

【注】

1) 経済産業省大臣官房調査統計グループ経済産業省貿易経済協力局編（2015）p. 13。
2) 小島（1989）p. 159において，低い利益率にも関わらず，日本企業によるアメリカへの対外直接投資が見られることについて考察している。
3) 3章の脚注2を参照してほしい。

第7章

アメリカ（カリフォルニア，ニューヨーク，イリノイ）への対外直接投資により設立された「海外孫会社」と「海外子会社」

7－1　はじめに

　現在，日本企業の技術水準が向上し，アメリカ企業の製品よりも優れた製品が多く見られるようになっている。このため，日本企業のアメリカへの対外直接投資に疑問を持つ人は少ない。しかし，売上高経常利益率だけに基づいて判断するのならば，日本企業によるアメリカへの対外直接投資は，妥当でない可能性がある。

　経済産業省大臣官房調査統計グループ経済産業省貿易経済協力局編（2015）によれば，2013年度の在アメリカ日系企業における全産業の売上高経常利益率は2.8％であるのに対して，アジアでは5.0％，中国では5.1％，ASEAN4では5.8％であり，明らかにアメリカにおける売上高経常利益率は低い[1]。これは2013年度だけではなく，2012年度においても，2011年度においても，アメリカの売上高経常利益率はアジアなどと比べると低い[2]。

　日本企業が，平均的には低利益率であることが予想されるアメリカへ対外直接投資を行う理由について考察することは重要である。しかし，この理由については別の機会に検討することとして，本章はアメリカにおける「海外孫会社」と「海外子会社」についての検討を行う。

　7－2節では，カリフォルニア州，ニューヨーク州，イリノイ州における「海外孫会社」と「海外子会社」の事業内容等を示すことで，アメリカにおけ

る「海外孫会社」と「海外子会社」の特徴を明らかにする。7－3節ではまとめを行う。

7－2 「海外孫会社」と「海外子会社」の特徴

　「2014総覧」において，アメリカでの海外現地法人で100社以上存在する州は，カリフォルニア州835社，ニューヨーク州364社，イリノイ州250社，テキサス州179社，ミシガン州175社，ニュージャージー州162社，オハイオ州158社，デラウェア州137社，インディアナ州107社，ジョージア州104社である。したがって，海外現地法人が100社以上という第1の基準に基づく時には，10州が分析対象となる。

　海外現地法人数の上位3州であるという第2の基準に基づく時，カリフォルニア州，ニューヨーク州，イリノイ州の3州が分析対象となる。3番目に多いイリノイ州250社と4番目に多いテキサス州179社の差異は大きいことから，海外現地法人数の多いカリフォルニア州，ニューヨーク州，イリノイ州の3州を分析対象とする。3州を対象とすることによって，日本企業のアメリカへの進出傾向を明らかにできると考えている。以下ではカリフォルニア州，ニューヨーク州，イリノイ州の順に，「海外孫会社」比率，「海外子会社」の事業内容，設立州・地域・国，「操業年」，「海外孫会社」の事業内容，および「操業年」を見ていく。

「海外孫会社」比率

　図表7－1によれば，カリフォルニア州の「海外孫会社」比率は22.0%（＝184社／835社），ニューヨーク州は21.2%（＝77社／364社），イリノイ州は22.0%（＝55社／250社）である。したがって，アメリカにおける「海外孫会社」比率は22%程度であると見ることができる。24%程度であるヨーロッパ3カ国における「海外孫会社」比率と同程度である。しかも，ヨーロッパ3カ国における「海外孫会社」比率と同様に，アメリカにおける「海外孫会社」比率の

第7章 アメリカへの対外直接投資により設立された「海外孫会社」と「海外子会社」

図表7－1　アメリカにおける「海外孫会社」比率

アメリカ	「海外孫会社」比率
カリフォルニア州（184社）	22.0%
ニューヨーク州（77社）	21.2%
イリノイ州（55社）	22.0%

出所）「2014総覧」より筆者作成。

分散は低い。

「海外子会社」

　「2014総覧」に掲載されている事業内容は多様であり，ほぼ同じ内容であるにもかかわらず，さまざまな表現が使われている。「海外子会社」の事業内容を，第2部に示したキーワードに基づいて「製造」，「販売」，「サービス」，「統括」に分類して，図表7－2に示す。

　図表7－2では，「海外子会社」数を重複カウントすることで，「海外子会社」数と「海外孫会社」数をイコールとしている。「海外孫会社」から見た時の「海外子会社」の特徴を明らかにしたいと考えているためである。

　図表7－2によれば，アメリカ3州における特徴としては，「統括」シェアが高いことである。10%程度（江蘇省を除く）である中国の「統括」シェアよりも，10%強であるASEAN4の「統括」シェアよりも，25%程度であるアジアNIESの「統括」シェアよりも高い。最も低いニューヨーク州の「統括」シ

図表7－2　アメリカにおける「海外子会社」の事業内容

「海外子会社」の事業内容	「製造」	「販売」	「サービス」	「統括」
カリフォルニア州（184社）	9%	12%	23%	57%
ニューヨーク州（77社）	9%	18%	27%	45%
イリノイ州（55社）	18%	20%	11%	51%

出所）「2014総覧」より筆者作成。
注）1）四捨五入のため，合計100%とならない国がある。
　　2）「海外子会社」数は重複カウントしているので，「海外孫会社」数とイコールとなっている。

ェアであっても45％以上であり，最も高いカリフォルニア州の「統括」シェアは57％に達しており，ヨーロッパにおいて最も高いオランダの60％に匹敵する。したがって，アメリカ3州における「統括」シェアは，アジアにおける「統括」シェアよりも高く，ヨーロッパ3カ国と同レベルである。

アメリカ3州における「統括」シェアが高い理由の1つとして，「海外子会社」数を重複カウントしていることが影響した可能性がある。アメリカ3州に地域統括会社が多く設立されており，地域統括会社がアメリカ3州に「海外孫会社」を多く設立していたのならば，「統括」シェアは高くなるからである。

「海外子会社」の事業内容は「統括」ではなくても，統括等も事業内容の1つとしている「海外子会社」が存在している。事業内容としては，「製造」や「販売」や「サービス」であっても，統括等も事業内容としている「海外子会社」がどの程度存在しているのかは，図表7－3に示している。

図表7－2において「統括」を事業内容とする「海外子会社」と，図表7－3において「製造」や「販売」や「サービス」を事業内容としていて，統括等も事業内容としている「海外子会社」とを合計した時のシェアはカリフォルニア州61％（＝57％＋4％），ニューヨーク州46％（＝45％＋1％），イリノイ州62％（＝51％＋11％）となる。

上述の数値から，事業内容として管理や統括などの記述がないにも関わらず，

図表7－3　アメリカで製造や販売やサービスとともに管理や統括などを事業内容としていて，統括等も事業内容としている「海外子会社」

「海外子会社」の事業内容	統括等
カリフォルニア州（184社）	4％
ニューヨーク州（77社）	1％
イリノイ州（55社）	11％

出所）「2014総覧」より筆者作成。
注）1）示されている比率は184社，77社，55社のうち，統括等も事業内容としている「海外子会社」の比率である。
　　2）「海外子会社」数は重複カウントしているので，「海外孫会社」数とイコールとなっている。

「海外孫会社」に出資している「海外子会社」のシェアはカリフォルニア州39％（＝100％－61％），ニューヨーク州54％（＝100％－46％），イリノイ州38％（＝100％－62％）となる。

アジアにおけるシェアはすべての国・地域において50％以上（57％～90％）であったにも関わらず，アメリカでは54％以下（38％～54％）であった。ヨーロッパにおいても50％未満（28％～47％）であったことから，欧米においては，アジアよりも低いシェアであるといえる。この相違の理由は明らかではない。

図表7－4は「海外子会社」が設立されている州・地域・国を示すものであり，3つの特徴がある。

第1の特徴は，「海外孫会社」と「海外子会社」は同じ州であることが多いことである。具体的には，カリフォルニア州「海外孫会社」に出資している「海外子会社」のうち，カリフォルニア州「海外孫会社」のシェアは54％，ニューヨーク州でのニューヨーク州「海外子会社」のシェアは58％，イリノイ州でのイリノイ州「海外子会社」のシェアは51％であり，3州共通して50％以上のシェアを占めており，1位である。

第2の特徴は，デラウェア州「海外子会社」が，3州すべてに存在していることと，そのシェアが低いことである。アメリカ「海外子会社」を設立するのならば，デラウェア州に設立することが，国際税務戦略の上では有利である。

図表7－4　アメリカ「海外子会社」が設立されている州・地域・国

「海外孫会社」設立州 \ 「海外子会社」設立州・地域・国	カリフォルニア	ニューヨーク	イリノイ	デラウェア	その他州	アメリカ以外の地域・国
カリフォルニア州（184社）	54％	11％	4％	5％	21％	4％
ニューヨーク州（77社）	8％	58％	1％	8％	22％	3％
イリノイ州（55社）	9％	11％	51％	13％	15％	2％

出所）「2014総覧」より筆者作成。
注）1）四捨五入のため，合計100％とならない州・地域・国がある。
　　2）アメリカ以外の地域・国としてイギリス，ドイツ，フランス，シンガポール，香港，ブラジルである。
　　3）「海外子会社」数は重複カウントしているので，「海外孫会社」数とイコールとなっている。

それにも関わらず，デラウェア州「海外子会社」のシェアは10％程度にとどまっている。

第3の特徴は，アメリカ「海外孫会社」に出資している「海外子会社」として，アメリカ以外の地域・国の「海外子会社」が存在していることである。現地の状況をより正しく認識し，意思決定を迅速化できるということを期待して，アメリカ「海外子会社」がアメリカ「海外孫会社」に対して指示・指揮することはイメージしやすい。しかし，アメリカ以外の地域・国から指示・指揮するのであれば，本社から指示・指揮する方が望ましいと考えることも可能である。また，ドイツ等の「海外子会社」であることから，国際税務戦略に基づいたものとは見えない[3]。

ここまでは，海外現地法人の多さからカリフォルニア州，ニューヨーク州，イリノイ州に注目し，カリフォルニア州，ニューヨーク州，イリノイ州「海外子会社」について見てきた。次に，カリフォルニア州，ニューヨーク州，イリノイ州「海外孫会社」について見ていく。

「海外孫会社」

図表7－5はアメリカにおける「海外孫会社」の事業内容を示すものであり，2つの特徴がある。

第1の特徴は，「販売」と「サービス」のシェアが高いことである。州によって「販売」の方が高い，「サービス」の方が高いといった相違はあるが，3州共通して，「販売」と「サービス」のシェアが高いことを特徴として挙げる

図表7－5　アメリカ「海外孫会社」の事業内容

「海外孫会社」の事業内容	「製造」	「販売」	「サービス」	「統括」
カリフォルニア州（184社）	28％	34％	33％	4％
ニューヨーク州（77社）	9％	29％	58％	4％
イリノイ州（55社）	36％	40％	24％	0％

出所）「2014総覧」より筆者作成。
注）四捨五入のため，合計100％とならない国がある。

第7章 アメリカへの対外直接投資により設立された「海外孫会社」と「海外子会社」 ◎── 71

ことができる。

　第2の特徴は，「海外孫会社」であるにも関わらず，「統括」を事業内容とする企業が存在していることである。4％であるアメリカ（イリノイ州を除く）は，5％程度であるヨーロッパ3カ国と類似しているが，ほぼ0％であるアジア（8％の香港を除く）とは相違している。「統括」を事業内容とする「海外孫会社」の存在は，曾孫会社や玄孫会社の存在を示唆している。

　「海外孫会社」の事業内容を示す図表7－5と「海外子会社」の事業内容を示す図表7－2の相違は，「統括」シェアの相違である。それ以外の相違としては，図表7－5の方が「販売」と「サービス」のシェアが高いことである。

「操業年」分布

　「海外孫会社」と「海外子会社」の「操業年」を示している図表7－6を分析することで，「海外孫会社」設立動機が「海外子会社」設立動機と類似していると見ることができるのか，あるいは相違しているのかについての検討ができる。

　図表7－6は，「操業年」分布状況を示している。「海外孫会社」の「操業年」分布，つまり，平均年や中央値や最頻値や標準偏差が，「海外子会社」の「操業年」分布と近似しているのならば，「海外孫会社」設立動機と「海外子会社」設立動機が類似している可能性を指摘できる。分布に無視できない相違があるのならば，設立動機は相違するといえる[4]。

　図表7－6から，アメリカにおける「海外孫会社」の「操業年」分布と，「海外子会社」の「操業年」分布は相違しているといえる。以下では，カリフォルニア州，ニューヨーク州，イリノイ州「海外孫会社」の「操業年」分布と，「海外子会社」の「操業年」分布について詳細に見ていく。

　カリフォルニア州における「海外孫会社」の「操業年」分布と，「海外子会社」の「操業年」分布は相違しているといえる。中央値は同じであり，平均年も同じであるが，最頻値の相違は8年であり，標準偏差の相違は3.1であり，分布は相違しているといえる。したがって，カリフォルニア州における「海外

図表7-6 アメリカ「海外孫会社」と「海外子会社」における「操業年」

	中央値	平均年	最頻値	標準偏差	企業数
カリフォルニア州「海外孫会社」	1994年	1992.3年	1989年	16.1	166[4]
カリフォルニア州「海外子会社」	1994年	1992.0年	1997年	13.0	166
ニューヨーク州「海外孫会社」	2000年	1994.7年	2012年	15.6	72[5]
ニューヨーク州「海外子会社」	1989年	1987.9年	1989年	17.0	72
イリノイ州「海外孫会社」	1997年	1995.7年	1996年	11.6	50[6]
イリノイ州「海外子会社」	1989年	1988.9年	1996年	13.0	50

出所)「2014総覧」より筆者作成。
注) 1)「2014総覧」では,設立年と操業年が混在しており,設立年も「操業年」として示している。
2)「2014総覧」においては,設立年と操業年が混在しているので,月データまで分析しても,意味のある分析データとはならない。このため月データは入力しておらず,年データを入力して,平均年を算出している。したがって,図表7-6における小数点以下の平均年は参考データとしてしか利用できない。
3)「海外子会社」数は重複カウントしているので,「海外孫会社」数とイコールとなっている。
4) カリフォルニア州「海外孫会社」と「海外子会社」において,「設立年」が明示されていない企業が18社存在している。
5) ニューヨーク州「海外孫会社」と「海外子会社」において,「設立年」が明示されていない企業が5社存在している。
6) イリノイ州「海外孫会社」と「海外子会社」において,「設立年」が明示されていない企業5社存在している。

孫会社」設立動機と,「海外子会社」設立動機は相違しているといえる。

　ニューヨーク州における「海外孫会社」の「操業年」分布と,「海外子会社」の「操業年」分布は相違しているといえる。標準偏差の相違は1.4であるが,中央値の相違は11年であり,平均年の相違は7年程度であり,最頻値の相違は23年であるため,分布は相違しているといえる。したがって,ニューヨーク州における「海外孫会社」設立動機と,「海外子会社」設立動機は相違しているといえる。

　イリノイ州における「海外孫会社」の「操業年」分布と,「海外子会社」の「操業年」分布は相違しているといえる。最頻値は同じであり,標準偏差の相違は1.4であるが,中央値の相違は8年であり,平均年の相違は7年程度であ

り，分布は相違しているといえる。したがって，イリノイ州における「海外孫会社」設立動機と，「海外子会社」設立動機は相違しているといえる。

したがって，アメリカにおける「海外孫会社」設立動機と，「海外子会社」設立動機は相違しているといえる。

7－3　まとめ

本章では，いくつかのことを明らかにした。

第1に，アメリカでの「海外孫会社」比率は22％程度であり，この比率はヨーロッパにおける「海外孫会社」比率24％と類似しているが，10％程度以下のアジアより高かったことである。

第2に，3州すべてにおいて，アメリカ以外の国に位置する「海外子会社」が存在していたことである。ドイツ等の「海外子会社」が，アメリカ「海外孫会社」に対して，経営上の指示を与えるとは考えにくく，国際税務戦略が関係していることも考えにくい。

第3に，アメリカにおける「海外孫会社」の「操業年」分布と「海外子会社」の「操業年」分布は相違しているといえるので，アメリカにおける「海外孫会社」設立動機と「海外子会社」設立動機は相違しているといえる。

第4に，事業内容として管理や統括などの記述がないにも関わらず，「海外孫会社」に出資している「海外子会社」の比率は38％〜54％であり，一定数の「海外子会社」は「海外孫会社」に出資している事実を，事業内容に反映させていなかった。この結果をどのように分析すべきかは，明らかではない。

【注】

1）経済産業省大臣官房調査統計グループ経済産業省貿易経済協力局編（2015）p. 167, p. 168, p. 170。
2）経済産業省大臣官房調査統計グループ経済産業省貿易経済協力局編（2014）p. 162, p. 163, p. 165によれば，2012年度アメリカにおける全産業の売上高経常利益率は2.4

％であるのに対して，アジアは5.0％，中国は4.9％，ASEAN4は6.2％である。経済産業省大臣官房調査統計グループ経済産業省貿易経済協力局編（2013）p. 173, p. 174, p. 176によれば，2011年度アメリカにおける全産業の売上高経常利益率は3.3％であるのに対して，アジアは6.3％，中国は5.7％，ASEAN4は7.4％である。

3) シンガポールと香港の場合は国際税務戦略のためと説明することはできる。しかし，イギリス，ドイツ，フランス，ブラジル「海外子会社」からの出資を，国際税務戦略によって説明することは困難である。

4) 3章の脚注2を参照してほしい。

第3部

独自の意思を持った海外子会社

　第2部において,「海外孫会社」と「海外子会社」に関して,いくつかの事実を明らかにした。

　明らかにした第1の事実は,アジアにおける「海外孫会社」比率は10％程度以下であったことと（広東省を除く）,ヨーロッパやアメリカにおける「海外孫会社」比率は22％～24％程度であったことである。

　シンガポールの1人当たりGDPは高いが,「海外孫会社」比率は10％程度であることから,経済的要因である1人当たりGDPと「海外孫会社」比率は関連していないように見える。

　第2の事実は,アジアにおける「海外子会社」としては,シンガポール「海外子会社」のシェアが高いことである。「海外子会社」には,一定程度の地域統括会社が含まれており,香港とシンガポールには同程度設立されていることが予想できる。また,香港とシンガポールは類似したビジネス環境の下にあると考えることができるので,統括以外の目的で設立される「海外子会社」も同程度存在することが予想できる。それにも関わらず,シンガポール「海外子会社」のシェアは高かった。

　香港とシンガポールが類似したビジネス環境の下にあることは,「2014総覧」を見れば明らかである。1,149社であるシンガポールの海外現地法人数と,1,225社である香港の海外現地法人数がほぼ同じであり,106社であるシンガポール「海外孫会社」数と,105社である香港「海外孫会社」数もほぼ同じである。このため,香港「海外子会社」のシェアは,シンガポール「海外子会社」と同じ程度と予想した。しかし,香港「海外子会社」のシェアは低かった。

　第3の事実は,「海外孫会社」の「操業年」分布と「海外子会社」の「操業年」分布の相違している地域・国が,多かったことである。したがって,「海外孫会社」設立動機と「海外子会社」設立動機の相違している地域・国は多い,と考えることができる。

両者の設立動機が相違していたのであれば,「海外孫会社」を設立することと,「海外子会社」を設立することとは無差別ではなく,「海外孫会社」を設立すべき理由があったからこそ設立されたと考えることができる。設立すべき理由としては,本社にとって必要であったからという理由とともに,「海外子会社」にとって必要であったからという理由も考えることができる。

本書においては,「海外子会社」は独自の意思決定を行いうる経済主体であると見ている。つまり,いくつかの「海外孫会社」は「海外子会社」独自の意思決定の結果として,設立されたと考えている。

「海外子会社」が上述のような経済主体であるとみなす立場をとる時には,「海外孫会社」設立以外にも,多様な行動をとる可能性があると考えることができる。そして,独自の意思決定に基づく多様な行動のうちの1つが,海外子会社が本社から与えられた役割あるいは権限から逸脱することである。

第4の事実は,事業内容として管理や統括などの記述がないにも関わらず,「海外孫会社」に出資している「海外子会社」のシェアは,アジアと欧米では相違していたことである。

第3部では,上述の第3の事実からもたらされる,探求すべき課題に注目する。つまり,海外子会社が独自の意思を持つと見なすことができる場合,本社から与えられた役割あるいは権限から逸脱する海外子会社の検討を行う。この検討は,今後行う予定の,海外子会社独自の意思決定としての海外孫会社設立に関する分析のために必要なことである。

8章では,本社から与えられた役割あるいは権限から逸脱する海外子会社として,富士ゼロックス事例を取り上げて検討する。検討のために,富士ゼロックス事例の説明を可能とする組織モデルの探究や,与えられた役割あるいは権限から逸脱に関する検討を行う。

9章では,富士ゼロックス事例以外の事例を紹介する。紹介する事例は,本社から事前了承や事後了承を得たとはいえ,本社の意向に反する行動をとった事例である。別の表現をするならば,海外子会社が本社の了承を得ようと動き出す時点においては,与えられた役割あるいは権限から逸脱しようとしていた(逸脱していた)事例である。

10章では,与えられた役割あるいは権限から逸脱する海外子会社を適切に管理するために,ポスト・トランスナショナル組織となることを提案する。11章では,残された課題を示す。

第8章

組織モデル，海外子会社の役割
—富士ゼロックス事例の説明—

8-1 はじめに

　輸出の時代（1951年～1971年）および海外子会社の時代（1972年～1985年）においては，本社[1]が対外直接投資を行うのに十分な「経営資源」，つまり，ヒト，モノ，カネ，情報を保持していた[2]。その「経営資源」を海外子会社へと移転させることにより，事業活動を行う海外子会社に対して，高い業績を期待することが可能であった。

　しかし，本社から最初に移転された「経営資源」と，必要に応じて移転される「経営資源」に基づいて事業活動を行うだけでは，高い業績を実現し，維持することが徐々に困難になりつつあった。そこで，海外子会社の獲得した「経営資源」を本社に移転することで，本社の保持する「経営資源」を今までよりもさらに充実させ，別の国に設立している海外子会社に移転することで，企業グループとして高い業績の維持を目指すという事例やアイデアが見られるようになってきた[3]。

　本章では，ゼロックス・コーポレーションの海外子会社[4]であった富士ゼロックスの意思決定や行動に注目する。アメリカのゼロックス・コーポレーションは自社製品の日本での販売を目的として富士ゼロックスを1962年に設立した。したがって，ゼロックス・コーポレーションは新製品開発のための「経営資源」を富士ゼロックスに移転しようとは思っておらず，新製品開発の役割あるいは権限を与えていなかった。しかし，新製品開発の役割あるいは権限を持

っていなかった富士ゼロックスは，与えられた役割あるいは権限から逸脱して，イノベーション（新製品）を生み出し[5]，そしてその後，新製品開発の権限を本社から与えられたと考えることができる[6]。

本章では，富士ゼロックス事例，つまり，本社から与えられた役割（販売）あるいは権限を逸脱して，新たな役割（新製品開発）や権限を持とうとした事例を説明できるモデルやアイデアを明らかにする。以下では，有力な組織モデルやアイデアを紹介し，新製品開発の役割や権限を持っていなかった富士ゼロックス事例の説明が可能であるか否かについて見ていく。

8-2　有力な組織モデル

ストップフォード＝ウェルズ（1972）

ストップフォード＝ウェルズ（1972）におけるモデルでは，海外製品多角化の程度が高く，総売上に占める海外売上げのシェアが低い場合には，国際事業部が世界的製品別事業部制となり，最終的にはグローバル・マトリックス（製品軸のボスと地域軸のボスに指示を仰ぎ，報告する）となる道筋がある。また一方，海外製品多角化の程度が低く，総売上に占める海外売上げのシェアが高い場合には，国際事業部が地域別事業部制となり，最終的にはグローバル・マトリックスとなる道筋があるとしている。

日本において，グローバル・マトリックスという組織形態は，今日よく見られるようになり，そのようになった理由の1つは，ストップフォード＝ウェルズ（1972）のモデルにおいて，最終的にはグローバル・マトリックスになるという展望が示されたことが影響を与えたと考えることができる[7]。現実の企業に影響を与えた可能性があるという点が，ストップフォード＝ウェルズ（1972）のモデルに注目する理由である。

グローバル・マトリックスは望ましい組織形態となりえることから，よく見られる組織形態ではあるが，問題点も存在している。問題点と指摘されることが多いのは，指示を受ける必要のある上司として，製品軸の上司と地域軸の上

司の2人が存在しており，2人の上司の意見に相違が見られる場合には，調整のために時間が必要となり，意思決定に遅れの生じることである。

ストップフォード＝ウェルズ（1972）のモデルは，海外製品多角化の程度と総売上に占める海外売上げのシェアに注目しており，役割あるいは権限については言及していないために，役割あるいは権限に関する分析を行うことはできない。このため，ストップフォード＝ウェルズ（1972）のモデルでは，与えられた役割あるいは権限から逸脱した富士ゼロックス事例の説明や分析は，行うことはできない[8]。

マザードーターモデル

フランコ（1976）は，職能責任者や子会社社長が，親会社トップと価値観を共有し，親会社トップが信頼できる人物であることと，国際事業部等が存在しないことから，報告すべきことは親会社トップへ直接報告する，そのような国際的持株会社／国内職能部門制組織をマザードーター（mother-daughter）組織と呼んでいる。

組織図に国際事業部等が存在していなければ，海外子会社社長は親会社トップにのみ報告し，指示を仰ぐしかない。組織図に基づいて，国際事業部等が存在していない組織であることと（組織図基準），親会社社長が海外子会社社長と価値観を共有しており，信頼できる人物と見ていることがマザードーター組織であるのに必要であるとする（信頼基準）。

信頼基準を満たしているか否かを外部から識別することは困難であるため，両方の基準（組織図基準と信頼基準）に基づいて，ある企業グループがマザードーター組織であるか否かを識別することは困難である。しかも，時間の経過とともに，信頼していた子会社社長との信頼関係が崩れてしまう可能性も存在する。

マザードーター組織の海外子会社に対するコントロールは，人的接触・人間関係を基にしているが，海外子会社の業績の悪化は，海外子会社社長への信頼感を低下させる契機となりうる。ヨーロッパにおけるマザードーター組織は減少したとされているが，競争の激化に伴う海外子会社業績の悪化が契機となっ

た可能性がある。

　マザードーター組織は，役割あるいは権限については言及していないために，与えられた役割あるいは権限から逸脱した富士ゼロックス事例の分析は，行うことはできない。しかし，富士ゼロック事例の説明は可能であることから，説明を行いたい。

　組織図に国際事業部等が存在しているか否かは問わずに，本社トップの信頼している人物が海外子会社のトップとなっているという信頼基準に基づく組織を，「マザードーター組織」と呼ぶこととする。そして，「マザードーター組織」であれば，与えられた役割あるいは権限は，一定の制約として機能しているが，絶対的なものではなく，容易に変化させることのできるものとして認識されているとする。

　富士ゼロックスが「マザードーター組織」であれば[9]，新製品開発に成功しているという事実を前面に出すことで，事後的に新製品開発許可を得ることは容易であると，富士ゼロックスは認識していたことから逸脱した，と説明することは可能である。

　「マザードーター組織」でない場合には，開発に成功した新製品を企業グループとして販売することが，売上高や利益率やライバル企業との競争等の観点から望ましいことであるとしても，本社が海外子会社にペナルティを与える可能性が存在する[10]。

　本社から与えられた役割あるいは権限からの逸脱を認めることは，本社の影響力の低下をもたらしうるからである。このため，企業グループに対する長期的な影響を考慮するのならば，役割あるいは権限からの逸脱には，原則として，ペナルティを与えるべきである[11]。

　本社の影響力が低下すれば，本社からの指示が各海外子会社に十分には貫徹しなくなり，企業グループとしての業績の低下をもたらす可能性が生じる。「マザードーター組織」でない場合には，ペナルティを与えることは，誤った行為とはいえない。

　「マザードーター組織」であることは，海外子会社が現地の状況に対して柔

軟な対応を可能とするという意味で、企業グループにとって望ましい。それにも関わらず、ヨーロッパにおいて、競争の激化に伴って「マザードーター組織」が減少したのは、「経営資源」拡充に寄与する活動を行わなかった「マザードーター組織」が多かったからと考えることも可能である。あたかも全権委任を受けたと感じた海外子会社社長が、「経営資源」拡充に寄与する活動を十分には行わなかったことが、結果として業績の悪化をもたらし、「マザードーター組織」の減少をもたらした可能性がある。

ヨーロッパにおいて減少した「マザードーター組織」ではあるが、「マザードーター組織」を過去のものと見てよいのであろうか。例えば、本社の製造している製品の海外での販売を目的として、親族を海外子会社設立のために派遣したが、想定に反して、製品が十分には売れない場合について検討してみる。

「マザードーター組織」である海外子会社は、別の分野の他社製品の販売をしてでも、場合によっては新製品を開発してでも、海外子会社の存続を図ろうと行動することがある。事後報告を受けた本社は、他社製品販売や新製品開発などの新たな役割や権限を、海外子会社に与える可能性は高い。

現地の状況に対して柔軟に対応できることから、「マザードーター組織」であることは、海外子会社の存続可能性を高める。このことは、企業グループにとって望ましいと見ることが可能である。

「マザードーター組織」が企業グループにとって望ましいというには、どのようなビジネス環境が必要なのか、企業グループや海外子会社の企業規模条件はどのようなものなのか等、「マザードーター組織」についてのさらなる研究が必要である。「マザードーター組織」についての研究を行うことによって、海外子会社の行動を一定程度制約しつつ、現地の状況に対して柔軟に対応できる条件を明らかにすることが望まれる。

パールミュッターのEPRGプロファイル

EPRGプロファイルでは、経営者の基本姿勢に注目することが重要であると見ており、4つの志向形態（本国志向、現地志向、地域志向、世界志向）を示し、

多くの企業は本国志向から現地志向，現地志向から地域志向，地域志向から世界志向へというプロセスをたどると予想している[12]。EPRGプロファイルにおける世界志向は，世界的視野を持って最善の資源配分を行うことで，その最適化を図ろうとする考え方であり，トランスナショナル組織に近い考え方と見ることは可能である[13]。

EPRGプロファイルは，役割あるいは権限についてはほとんど言及していない[14]。EPRGプロファイルで示されているのは，海外子会社の持つ役割や権限は，本社との協議によって規定されるということである。このため，EPRGプロファイルでは，与えられた役割あるいは権限から逸脱した富士ゼロックス事例の分析は行うことはできない。

EPRGプロファイルでは分析はできないが，富士ゼロックス事例の説明は可能である。本社社長が現地志向を持つ場合，海外子会社に与えられた役割あるいは権限は一定の制約として機能しているが，絶対的なものではなく，新製品開発に成功しているという事実を前面に出すことで，事後的に新製品開発許可を得ることは容易であると，富士ゼロックスは認識していたことから，逸脱したと説明することは可能である。

バレット＝ゴーシャル（1989）のモデル

バレット＝ゴーシャル（1989）は，グローバル統合とローカル適応という2つの軸によって，マルチナショナルタイプ，グローバルタイプ，インターナショナルタイプ，トランスナショナルタイプという4つの類型を提示した。そして，グローバル統合の程度が高く，同時にローカル適応の程度が高い，いわば理想型の企業がトランスナショナル・アプローチをしている企業であるとしている。

トランスナショナル・アプローチをしている企業は，グローバル統合の程度が高いことから，世界規模の高い効率性を持ちつつ，ローカル適応の程度が高いことから，各国対応は可能である。このことが，理想型の企業といわれる理由である。

トランスナショナル・アプローチについては，多くの研究で触れられており，理想的な組織に関する議論に大きな影響を与えてきた。しかし，どのようにすればトランスナショナル・アプローチをしている企業となれるのかという，具体的な処方箋は示されていない[15]。

具体的な処方箋がないこと以外にも，いったん実現したとしても，10年，20年維持し続けることは困難であるという問題点も存在している。また，トランスナショナル組織は理想的な組織ではあるとはいえ，高い利益水準を保証するものではない。

グローバル統合とローカル適応は排反事象といえないとはいえ，グローバル統合の程度が高く，同時にローカル適応の程度が高いことは極めて生じにくい現象である。本社のコントロールの程度と，グローバル統合の程度とローカル適応の程度が関連しているからである。

一般的には，グローバル統合の程度が高い場合には，本社のコントロールの程度は高く，ローカル適応の程度が高い場合には，本社のコントロールの程度は低いことが多い。グローバル統合の程度が高く，同時にローカル適応の程度が高い組織が存在する可能性は存在するが，その可能性は低く，低いと考えられることを実現するとしているからこそ，トランスナショナル・アプローチに注目が集まったといえる。

本章ではトランスナショナル・アプローチには具体的な処方箋がないために，再現性を確保できないと考えている[16]。このため，トランスナショナル・アプローチを行っている企業とは，狐の嫁入りと呼ばれているような，晴れていても雨が降るという，狐に化かされているような，極めてまれな状況下にあるとみなす。狐の嫁入りと呼ばれているような状況は確かに存在しているが，稀にしか見られず，一時的な現象である。トランスナショナル・アプローチを行っている企業も，狐の嫁入りと同様に，一時的に存在しえる状況下にあると考えることができる。

バレット＝ゴーシャル（1989）のモデルは，グローバル統合とローカル適応の程度を注目しているだけであり，役割あるいは権限については言及していな

い。このため，バレット＝ゴーシャル（1989）のモデルでは，与えられた役割あるいは権限から逸脱した富士ゼロックス事例の説明や分析は，行うことはできない。

本節で取り上げた有力な組織モデルでは，分析を行うことはできなかった。しかし，「マザードーター組織」や EPRG プロファイルの現地志向では，説明は可能であることを示した。次節では海外子会社の役割に注目することで，富士ゼロックス事例の説明や分析が，可能であるか否かについて見ていく。

8−3　海外子会社の役割の類型

8−2節における組織モデルでは，海外子会社の役割について注目していなかったが，海外子会社の役割についても注目する必要がある。海外子会社の役割に注目することで，海外子会社が自発的に重要な役割を果たすこと，いいかえれば，与えられた役割あるいは権限からの逸脱について議論することが可能となる。本節では，海外子会社の役割に関する有力な類型論を紹介する。

ジャリロ＝マルティネズ（1990）の3類型

　ジャリロ＝マルティネズ（1990）はグローバル統合の程度と現地化の程度という2つの基準から，オートノマス（自律的）子会社，リセプティブ（受容的）子会社，アクティブ（活動的）子会社の3類型を示した。

　オートノマス子会社では，ほとんどの開発を子会社独自で行うとしている。リセプティブ子会社における役割は全社的活動の一環として，戦略的に統合されているとしている。アクティブ子会社では，現地化の程度はオートノマス子会社と同程度に進んでおり，本社との統合はリセプティブ子会社と同程度に進んでいるとしている。

　ジャリロ＝マルティネズ（1990）の3類型には，役割あるいは権限からの逸脱について言及がない。また，ほとんどの開発を子会社独自で行うとしている。このことは，開発に関する役割あるいは権限を持っていることを想定している

と考えることができる。したがって，ジャリロ＝マルティネス（1990）では，役割あるいは権限から逸脱した富士ゼロックス事例について，説明や分析を行うことはできない。

バレット＝ゴーシャル（1989）の4類型

　バレット＝ゴーシャル（1989）は，現地環境の戦略的重要性の程度と現地子会社の能力・リソースの程度という2つの基準から，戦略的リーダー，貢献者，実行者，ブラックホールの4類型を示した。

　戦略的リーダーである現地子会社は，戦略的に重要なロケーションに位置し，なおかつリソース（ヒト，モノ，カネ，情報などの資源）や能力が高い。貢献者である現地子会社は，戦略的にはさほど重要ではないロケーションに位置しているが，リソースや能力は高い。実行者である現地子会社は，戦略的にはさほど重要ではないロケーションに位置しており，リソースや能力は高いとはいえない。ブラックホールである現地子会社は，戦略的に重要なロケーションに位置しているが，リソースや能力は高いとはいえない。

　4類型は現実を一定程度反映している。リソースや能力の高い富士ゼロックスは，設立当初は戦略的にはさほど重要ではないロケーションにいたと見ることができるので（8－6節参照），富士ゼロックスを貢献者と見ることは可能である。

　しかし，バレット＝ゴーシャル（1989）の4類型には，役割あるいは権限についての言及がない。このため，バレット＝ゴーシャル（1989）の4類型を利用しても，与えられた役割あるいは権限からの逸脱した富士ゼロックス事例の説明や分析は，行うことはできない。

バーキンショー＝フード（1998）の役割進化モデル

　バーキンショー＝フード（1998）は，海外子会社が独自に戦略的イニシアティブを発揮することで，親会社から最初に与えられた役割から逸脱あるいは役割進化して，創発的に新たな役割を獲得することがありうると考えた。

バーキンショー＝フード（1998）における役割進化のフレームワークは，以下のように見ることができる[17]。親会社から付与された役割に対して，海外子会社は受け入れるか否かを判断する。受け入れるのであれば，付与された役割が海外子会社の役割となる。受け入れないのであれば，海外子会社の経営判断によって，新たな役割を選択することになり，親会社が海外子会社の選択した新たな役割を認めれば，その役割が海外子会社の新たな役割となる。

現地での環境要因（顧客や競争や政府等）が，親会社から付与された役割とは別の，新たな役割を必要とする時に，親会社が海外子会社の新たな役割を認めれば，その役割が海外子会社の新たな役割となる。上述のように，役割進化のフレームワークにおける海外子会社の役割の規定には，親会社からの役割の付与と海外子会社の選択と現地での環境要因という3要素が関わっている[18]。

バーキンショー＝フード（1998）は，上述の役割進化のフレームワークの下で，資源を活用する海外子会社の能力であるケイパビリティと，役割あるいは権限と同等の意味を持つチャーター[19]に注目して，海外子会社の進化パターンを5つ示した。

5つのパターンのうち，第2のパターンが富士ゼロックス事例に該当しており，チャーターについての言及のあるバーキンショー＝フード（1998）に基づいて，富士ゼロックス事例を説明や分析することは可能である。

第2のパターンとは，海外子会社が特定のケイパビリティ（能力）を保有し，それを活用する機会を見つけて，チャーター（役割あるいは権限）を拡大するものである。富士ゼロックス事例では，開発した新製品を提示することで，新製品開発のケイパビリティを保有することを示して，親会社から新製品開発のチャーターが認められた，と説明することは可能である。

次節では，海外子会社の役割に注目した研究の中では，最も適切に富士ゼロックス事例を説明できるバーキンショー＝フード（1998）の役割進化モデルについて，より詳細に見ていく。

8－4　役割進化の条件：チャーターに注目して

バーキンショー＝フード（1998）の役割進化モデルでの，海外子会社における進化パターンの決定要因である本社要因，子会社要因，受入国要因の紹介を行う。本社要因としては内部資源配分に関する競争的なメカニズム採用，意思決定の分権化，本社のマネジメントの自国中心主義の度合いである。海外子会社要因としては海外子会社の業績，海外子会社のマネジメントの信頼性，海外子会社の従業員の起業家精神である。受入国要因としては受入国の戦略上の重要性，受入国政府のサポート，相対的な要素価格，現地のビジネスのダイナミズムがある。

以下では，チャーターの分析に関わりの高い本社のマネジメントの自国中心主義の度合いと，海外子会社の業績と，海外子会社のマネジメントの信頼性を取り上げる。受入国の戦略上の重要性については，自国中心主義の度合いを検討する際に，海外子会社の戦略的な位置づけについて検討することで代替する。

本社要因：自国中心主義の度合いの高い場合

本社要因は，内部資源配分に関する競争的なメカニズム採用，意思決定の分権化，本社のマネジメントの自国中心主義の度合いであるが，ここでは，本社のマネジメントの自国中心主義の度合いに注目して，検討を行う。

本社のマネジメントの自国中心主義の度合いの高低は，当該企業の産業の特性や本社所在国における環境や企業文化や本社社長の性格等により規定されるものであり，自国中心主義の度合いの高いことが，現時点における利益水準に直接的な影響を与えるものではない。したがって，利益水準を高めるために，自国中心主義の度合いを高くするべき，低くするべきといった主張を行うことはできない。

自国中心主義の度合いが高い事例としては，米国本社による日本コカ・コーラ株式会社（以下では，日本コカ・コーラ社と呼ぶ）への対応に関する事例（9章

にて詳述）を挙げることができる。海外子会社を多く持っている本社といえども，自国中心主義の度合いが高いとすれば，自国中心主義の度合いの高い企業グループは，一定程度存在している可能性がある。そして，自国中心主義の度合いが高いと考えられる本社であれば，新たな能力であるケイパビリティに対応する役割あるいは権限を意味するチャーターを海外子会社に与えるとは考えにくい。

本社における自国中心主義の度合いが高ければ，本社から与えられたチャーターを逸脱して，新たなチャーターを持つことはできず，新たなチャーターを持とうとすれば，排除（新たなチャーターを持とうとする海外子会社社長の更迭）するため，富士ゼロックスのような海外子会社は存在することはできない。

本社要因：自国中心主義の度合いの低い場合

自国中心主義の度合いの低い企業においても，戦略的に高く位置づけられる海外子会社に対しては，本社による介入の程度[20]は高いと考えることができる。戦略的に高く位置づけられる海外子会社とは，企業グループ売上高に占める売上高の比率が高い海外子会社と，近い将来，売上高の比率が高くなる可能性は高いと，本社が認識している海外子会社とする。例えば，本社がインド市場の将来性を高く評価している場合には，現時点でのインド海外子会社の売上高が高くなくても，さまざまな意思決定の場面で本社は介入してくる。

戦略的に高く位置づけられない場合においては，介入の程度は低いと考えることができる。海外子会社の増加に伴って，すべての海外子会社に対して十分な関心を払うことが困難になると考えるからである。

海外子会社が2社，3社程度であれば，本社はすべての海外子会社の事業に対して十分な関心を持ち，ビジネス環境の変化に応じて，適切な指示を与えることは可能である。しかし，海外子会社が10社，20社と増加していけば，すべての海外子会社に対して，適切な指示を与えることが困難となることから，基本方針を示すだけで，介入の程度は低くなると考えることができる[21]。

十分な関心を払うことが困難となる理由としては，本社社長の時間は有限な

資源であるため，本社社長における時間や関心は，戦略的に高く位置づけられる海外子会社に向けられるからである。すべての海外子会社に対して，同等の時間や関心を向けることは困難であると同時に，妥当なこととは思われない。

例えば，売上高10億円の海外子会社に対して本社社長の使う時間が，売上高500億円の海外子会社に対して使う時間と同じであるとは考えることはできず，またそのようにすることは妥当とは思われないからである。

戦略的に高く位置づけられていない海外子会社に対しては，本社社長は海外子会社のビジネス環境を把握するために使う時間を節約するであろう[22]。結果として，粗い情報や古い情報に基づいて判断を行うことになる。

このことを認識しているため，海外子会社からチャーターへの強い要請がある時，本社の当初の国際経営戦略には存在していなくても，以下に示すいくつかの条件をクリアしている時には，チャーターを与える可能性が存在している。

子会社要因：海外子会社の業績

海外子会社にとって，海外子会社の業績が悪いとはいえないことは，本社から新たなケイパビリティ構築に必要なチャーター獲得の許可，もしくは黙認を得るための前提である[23]。

海外子会社の業績が悪い場合には，海外子会社はチャーター獲得への行動をとらない[24]。業績が悪い場合には本社の管理下に置かれるために，たとえ業績改善のために必要な行動であったとしても，海外子会社の提案する業績改善策には厳しい目が向けられる。このため，申請しても却下される可能性が高いことを認識している海外子会社は，本社には申請しないことが予想される[25]。

業績が悪いとはいえないのであれば，本社は海外子会社に大きな関心を払わないことが多いので，海外子会社がチャーターを申請すれば，認められる可能性がある。

しかし，海外子会社の業績が悪化しつつある，あるいは，近い将来，悪化すると，海外子会社が認識していることが，海外子会社はチャーター獲得のために必要である[26]。認識することで，チャーター獲得のために動こうとするから

である。このため、チャーター獲得のために動く時期は、業績悪化に関して海外子会社が危機意識を持つようになった時期から、本社が海外子会社業績の悪化を認識するまでの時期である。

　本社はなぜ、海外子会社の業績が悪いとはいえない時期には、大きな関心を払わないのであろうか。本来なら、本社はすべての海外子会社におけるすべての事業に対して十分な関心を持ち、必要に応じて、適切な指示を与えなければならない。しかし既述したように、本社社長における時間という資源の制約のために、戦略的に高く位置づけられていない海外子会社に対して、本社（社長）が十分な関心を払うことは困難である。

子会社要因：海外子会社のマネジメントへの信頼

　海外子会社のこれまでのマネジメントが、本社の経営方針にしたがっており、ちくいち監督していなくても、本社の経営方針から逸脱しないという安心感あるいは信頼を得ている時には、チャーター獲得のための申請をする可能性がある。信頼できる海外子会社からの申請であるならば、受け入れることを前提とした審査の上で、許可を与えることが予想できるからである。したがって、海外子会社マネジメントが本社の経営方針から逸脱しないという安心感あるいは信頼のあることが、チャーター獲得には重要である。

8-5　チャーター獲得動機

　8-4節では、バーキンショー＝フード（1998）の役割進化モデルでの、海外子会社における進化パターンの決定要因である本社要因などを紹介した。その際、役割あるいは権限を意味するチャーター分析に関わりの高い本社のマネジメントの自国中心主義の度合いと、海外子会社の戦略的な位置づけと、子会社要因である海外子会社の業績と、海外子会社のマネジメントの信頼性を取り上げて、チャーターに関する検討を行ってきた。

　しかし、バーキンショー＝フード（1998）の議論には、チャーター獲得の動

機に関して，疑問とする点が存在する。以下では，チャーター獲得の動機についての検討を行う。

起業家精神

　バーキンショー＝フード（1998）においては，子会社要因として海外子会社従業員の起業家精神にも注目している。従業員が起業家精神に富んでいれば，海外子会社間で，厳しいチャーター獲得競争が見られるようになり，海外子会社の役割進化が進展すると考えることは妥当なのであろうか。

　本章では，海外子会社がチャーター獲得競争を行うという考えには，現実性がほとんどないと見ている。例えば，IBMでは，海外子会社間の競争を促進することなどを目的として，ある工場が製造権を獲得するためには，他の工場よりも低コストを実現しうる生産体制を整備して，本社に申請することが紹介されている[27]。

　販社であった富士ゼロックスの新製品開発と同様のことが，IBMの販社である海外子会社でも生じるかを検討してみる。すでにほかの海外子会社で製造している製品の製造権を獲得したいと，販社がIBM本社に申請した時，既存の製造機能を持っている海外子会社でのコストよりも低いと認められれば，製造権を獲得できることになる。

　しかし，そのようなことが見られる可能性は極めて低い。これまで販社であった海外子会社が，既存の海外子会社生産コスト以下で生産する体制を整備することが困難なためである。製造機能を持っている海外子会社はラーニングカーブによって低コストを実現しており，その上，減価償却済みの機械や工場建物を利用できるからである。したがって，販社の従業員が起業家精神に富んでいるとしても，チャーター獲得のための申請はしないであろう。

　新製品生産の場合，IBM本社が提出された書類を精査した上で，最も生産コストの低い海外子会社を決定する。この時，販社の見積もりでは，販社の生産コストが最も低い場合について考えてみよう。

　IBM本社は提出された書類に書かれている生産コストを精査・査定し，最

も生産コストの低い海外子会社を決定すると考えることができる。この時，本社の査定によって決定することを理解している海外子会社社長が，同期入社であることや，子供が同じ学校に通っている等の理由で，親しくしているIBM本社担当者に対して，「お願い」をすることはありうる。そしてこの「お願い」は，IBM本社の査定に何らかの影響を与える可能性が存在する。

例えば，賃金率の上昇や為替レートの変動に対して一定の想定を加えれば，IBM本社担当者に「お願い」をした海外子会社が，生産コストの最も低い海外子会社と認定される可能性がある。

上述のことを理解している販社は，新製品生産に関わるチャーターを本社に申請しない可能性が存在する。チャーター獲得競争が行われるようにと制度が構築されているとしても，販社の従業員が起業家精神に富んでいるとしても，販社機能を持つ海外子会社は，チャーター獲得競争には参加しない可能性が存在する。したがって，海外子会社間でのチャーター獲得競争は起こらない可能性が存在する[28]。

危機意識

海外子会社従業員の起業家精神以外の何が，チャーター獲得への行動をもたらすのであろうか。海外子会社社長に注目する場合，さらに高い実績をあげることによる昇進（高い地位での本社への復帰）を求めている場合と，業績悪化への危機意識を持っている場合とが考えられる。

海外子会社社長が，昇進のためのさらなる実績を得るために，チャーター獲得への行動を起こすことについては，詳しい報告例を持っていないので[29]，本章では取り扱わない。本章で取り扱うのは，海外子会社が業績悪化への危機意識を持つ場合である。

海外子会社が業績悪化への危機意識を持つことを理由として，チャーター獲得行動を起こすとする時，業績悪化への危機意識を，以下の6つの認識の集合体と見なして検討していく。

第1の認識は，現時点あるいは近い将来において，海外子会社は期待通りの

業績をあげられていないか，期待通りの業績をあげられなくなると，海外子会社が認識していることである。第2の認識は，本社と海外子会社とでは，海外子会社業績の悪化傾向について，同等の認識を持っていないと，海外子会社が認識していることである。第3の認識は，業績悪化への対応策の提示が，本社より行われる可能性は低いと，海外子会社が認識していることである。第4の認識は，事業に対する責任を果たすためには，新たなケイパビリティの構築が必要であると，海外子会社が認識していることである。第5の認識は，新たなケイパビリティを構築することが，業績悪化の阻止につながるという確信を，海外子会社が持っていることである。第6の認識は，新たなケイパビリティの構築に必要なもの（資金や人材やノウハウ等）を入手済みであるか，入手しようとすれば容易に入手できると，海外子会社が認識していることである。

新たなケイパビリティの構築に必要なチャーター獲得への行動を起こすには，6つの認識をすべて満たす必要があるのか，このうちのいくつかの認識を満たせばいいのかは，事例を基に検討して，明らかにする必要がある。以下では，上述の6つの認識について詳述する。

危機意識：第1の認識

現時点あるいは近い将来，期待通りの業績をあげられていないか，期待通りの業績をあげられなくなるという第1の認識について見ていく。

海外子会社がリスク回避的な行動を取るのであれば，リスク中立的な場合よりも，第1の認識は満たされやすい。リスク回避的となるのは，組織がゴーイング・コンサーン（going concern：無期限に事業を継続することを前提とする考え方）であることを優先する場合である。この場合には，期待利益額（各ケースの生起確率×各ケースの利益額の合計額）を最大化する方策よりも，組織維持に寄与する方策を優先する。

例えば，2年連続して海外子会社が赤字になれば，海外子会社は清算あるいは規模縮小という指針のある企業が存在するとする[30]。この場合には，少しでも業績悪化の兆しが見られれば，海外子会社は業績悪化しているものとして対

策を立てようとする。

多くの海外子会社が業績悪化の兆しに対して過敏に反応するのであれば，業績悪化の認識を持ちがちとなる。したがって，業績悪化の兆しに対して過敏に反応する場合には，海外子会社は第1の認識を満たすことになる。

危機意識：第2の認識

本社と海外子会社とでは，業績の悪化傾向について，同等の認識を持っていないことに関する第2の認識について見ていく。

本社と海外子会社が業績について同等の認識を持っていれば，本社から，業績悪化傾向に対して何らかの施策をとるようにという指示があると考えることができる。また，海外子会社が必要と考える支援への要望に，本社は迅速に対応すると考えることができる。しかし，本社が業績の悪化傾向を認識していない場合には，業績悪化への対応策がとられない，あるいは，対応スピードが緩やかなものとなる可能性がある。

本社と海外子会社とで業績に関する認識に相違の見られる理由としては，立場（責任の所在）の相違が影響すると考えることができる。業績の悪化が海外子会社の存続に悪い影響がある時，海外子会社は業績悪化リスクに過敏に反応するメガネをかけているかのように，業績は悪化しているという認識を持ちがちである。

海外子会社の業績悪化の責任を問われることのない立場に立つ本社は，業績悪化リスクに中立的に反応するメガネをかけているかのように，期待利益額に基づいて，取ることのできる選択肢を客観的に評価し，客観的な評価の結果として，業績悪化対策をとる必要性を認識しないということはありえる。

したがって，海外子会社が業績悪化リスクに過敏に反応するメガネをかけているかのような認識をして，本社は業績悪化リスクに中立的に反応するメガネをかけているかのような認識をすると，海外子会社が認識している場合には，第2の認識を満たす。

危機意識：第3の認識

　業績悪化対策となり得ることを行うようにという指示される可能性が低いという第3の認識について見ていく。

　業績の悪化傾向について，同等の認識を持っていないとしても，別の理由で業績悪化対策となり得ること，例えば，機械設備の増強等を行うようにという指示を受けることはあり得る。

　しかし，業績の悪化傾向について同等の認識を持っていない場合には，機械設備の増強等を行うようにという指示の行われる可能性は，低いと考えることができる。

　したがって，業績の悪化傾向に関する認識を共有していないために，業績悪化対策となり得る指示をされる可能性が低いと認識している場合には，第3の認識を満たす。

危機意識：第4の認識

　新たなケイパビリティの構築必要性の認識に関する第4の認識について見ていく。

　与えられたチャーターの制約の下で業績悪化への対応策をとる場合，営業担当社員の増員や資本労働比率を高める（機械化を進める）など，いくつかの対応策があり，実行可能である。

　それに対して，本社への事前相談なしに新たなケイパビリティを構築しようとすれば，事前相談がないことに不快感を示す可能性が存在する。たとえ事前相談しても，本社のチャーターを侵害・浸食する行為と見なして，本社は不快感を持つ可能性が存在する。

　不快感を持たれると[31]，海外子会社の存続を検討しなければいけない時に，清算が選択されやすくなることを危惧しなければならないために，海外子会社は新たなケイパビリティの構築という選択を好まない。

　業績悪化への対応策として新たなケイパビリティを構築しようとするなら，海外子会社はそれなりの覚悟（本社から不快感を持たれる可能性の甘受）を持つ必

要がある。本社から不快感を持たれる可能性を忌避するのであれば，チャーターのある営業担当社員の増員などの，ケイパビリティの増強を選択し，新たなケイパビリティの構築は選択しない。

したがって，海外子会社は営業担当の社員の増員等の一般的な業績悪化対策では対応できず，本社に不快感を持たれるリスクを甘受してでも，新たなケイパビリティの構築が必要であるという認識を持っている場合には，第4の認識を満たす。

危機意識：第5の認識

業績の悪化傾向は，新たなケイパビリティが構築することによって，問題の解決につながるという確信を持つという第5の認識について見ていく。

消費者や地域の販売店へのアンケート調査，インタビュー調査，ライバルメーカーの売れ筋製品の色や形状などから，現地で好まれる色や形状や製品を把握していると認識している場合が存在する。

その場合には，どのような対策を行えば業績改善するかわかっていると，海外子会社は認識しているとする。しかし，改善策を本社に対して要望しても，規模の経済性等を理由に挙げて，対応してもらえない可能性がある。

したがって，海外子会社は上述のような業務活動経験により，新たなケイパビリティを構築することによって，問題の解決につながるという確信を持っている場合には，第5の認識を満たす。

危機意識：第6の認識

新たなケイパビリティの構築に必要な「経営資源」を持っている，あるいは持つことができるという第6の認識について見ていく。

海外子会社が新たなケイパビリティの構築を検討する時点においては，十分なノウハウ等を持つことはない。しかし，十分な内部留保（資金）があれば，海外子会社社長等の持つ人脈を駆使することで，ノウハウを持つ人材等を集めて，新たなケイパビリティの構築は容易に可能な場合がある。

したがって，海外子会社は十分な内部留保や人脈を持つことから，新たなケイパビリティの構築は可能であるという認識を持っている場合には，第6の認識を満たす。

上述の危機意識に関わる6つの認識を満たすならば，海外子会社はチャーター獲得への行動を起こすことは可能である。しかし，6つの認識すべてを満たす必要があるのか否かについては，ここでの検討では判断できない。次節では，これまで検討してきたことを，富士ゼロックス事例に当てはめてみる。

8－6　富士ゼロックス事例の分析

吉原（1992）に基づいて，本社から与えられたチャーターを逸脱した富士ゼロックス事例の説明を行っていく。富士ゼロックス事例とは，本社から複写機販売のチャーターは与えられていたが，開発のチャーターは与えられていなかった富士ゼロックスが，秘密のプロジェクト[32]としてゼロックス2200の開発を行った事例である。

富士ゼロックスは，1962年に富士写真フイルムとランク・ゼロックスが出資して，複写機販売を目的として設立された企業である。ランク・ゼロックスは，ゼロックス・コーポレーションが51％（最初は50％）出資して設立された企業である。

富士ゼロックス事例の検討に際して，バーキンショー＝フード（1998）と8－4節および8－5節での検討から，5つの要因に注目する。第1の要因は本社のマネジメントの自国中心主義の度合い，第2の要因は戦略的な位置づけ，第3の要因は業績，第4の要因は本社の経営方針から逸脱しないという安心感あるいは信頼，第5の要因はチャーター獲得への行動を起こさせる危機意識である。以下では5つの要因についてみていく。

第1の要因

富士ゼロックスにおける，本社のマネジメントの自国中心主義の度合いにつ

いて見ていく。富士写真フイルムとともに，ランク・ゼロックスおよびゼロックス・コーポレーションは，役員や社員を送っていない。この事実から，富士写真フイルム，ランク・ゼロックスおよびゼロックス・コーポレーションにおける本社のマネジメントの自国中心主義の度合いは低いと見ることができる。

富士写真フイルム社長の小林節太郎氏が，ゼロックス・コーポレーションからの役員派遣の要望を断り続けていたことと，小林節太郎氏が社長であった富士写真フイルムの子会社ポリシーは，経営に介入しないことであったことも重要であった。子会社や関係会社に指導・介入するべきであると考える人が富士写真フイルムの社長であったならば，富士ゼロックスは与えられたチャーターから逸脱できなかったと考えることができる。

富士写真フイルム社長であった小林節太郎氏は，なぜゼロックス・コーポレーションからの役員派遣の要望を断り続けたのであろうか。いいかえれば，なぜ富士ゼロックスに対して好意的であったのであろうか。理由の1つは，富士写真フイルムの子会社ポリシーであるが，それ以外の理由として，1958年に富士写真フイルムに入社し，1963年に富士ゼロックスへ移籍して，1968年に取締役となった小林陽太郎氏（小林節太郎氏の長男）の存在が影響したと考えることができる。

1968年に小林陽太郎氏が取締役になったことから，富士写真フイルムと富士ゼロックスは「マザードーター組織」になったとみなすことは可能である[33]。そして，「マザードーター組織」であるならば，自国中心主義の度合いが低いと見ることができ，与えられたチャーターから逸脱することは容易であったと考えることができる。したがって，富士ゼロックス事例においては，「マザードーター組織」であることが重要な意味を持っていたといえる。

第2の要因

戦略的な位置づけについて見ていく。イギリスのランク・ゼロックスにおける富士ゼロックスの位置づけは低かったと考えることができる。1960年代初頭においては，日本市場はイギリス市場に比べれば，小市場にすぎなかった。

また，イギリス流の考え方やビジネス慣行は日本では通用しない可能性があり，日本がイギリスから遠く離れた極東に位置していた。このため，日本市場を低く位置づけ，そのような日本市場を任せていることから，富士ゼロックスの位置づけは低かったと考えることができる。

米国のゼロックス・コーポレーションにおける富士ゼロックスの位置づけも低かったと考えることができる。富士ゼロックスの技術者がゼロックス・コーポレーションを訪問して，機械の小型化や，Ｂ４サイズの紙が使えるようにすることなどの技術問題を相談したが，満足のいく結果は得られなかった。

吉原（1992）には，ゼロックス・コーポレーションにおける富士ゼロックスの位置づけについての言及はないが，ゼロックス・コーポレーションの技術陣の対応から，低い位置づけであったと考えることができる。

ゼロックス・コーポレーションでは製品の改良に全力をあげて取り組んでいたことと，アメリカでは問題となっていない問題であること，技術情報の機密保持を重視していたことから，富士ゼロックス技術者からの要望に対する優先順位は低かった。優先順位の低いことは，富士ゼロックスの戦略的位置づけの低さを意味するわけではないが，富士ゼロックスの戦略的位置づけは低かった可能性があり，低かったと考えることができる。

富士写真フイルムにとっても，富士ゼロックスの位置づけは低かったと考えることができる。製品や技術だけでなく，マーケティングの面においても，両者に関係がなかったからである。富士ゼロックスを活用しようとは考えていなかったという意味で，富士写真フイルムにとって富士ゼロックスの戦略的位置づけは低かったと考えることができる。

第3の要因

業績について見ていく。富士ゼロックスの業績については，1968年にゼロックス2200の開発を開始した時期の富士ゼロックスの業績は悪いとはいえなかった。吉原（1992）巻末の付表1によれば，売上高および経常利益は増加しつつあり，業績は良かった。しかし，付表2のゼロックス・コーポレーション

における1968年度における経常利益2億627万6,000ドル（1ドル360円換算で約743億円）に対して，富士ゼロックスの1968年度経常利益は27億3,400万円である。したがって，ゼロックス・コーポレーションの利益に比べれば，富士ゼロックスの利益水準は低く，ゼロックス・コーポレーションから見れば，悪いとはいえない水準であったと考えることができる。

第4の要因

　本社の経営方針から逸脱しないという安心感あるいは信頼について見てみよう。富士ゼロックスは，ゼロックス・コーポレーションとランク・ゼロックスと富士写真フイルムから，信頼を得ていた。まず，ゼロックス・コーポレーションとランク・ゼロックスと富士写真フイルムのトップ同士に信頼関係があり，「日本におけるゼロックス・ビジネスは小林にまかせる[34]」と述べている。したがって，富士写真フイルム社長の小林節太郎氏が富士ゼロックスを信頼している限り，ゼロックス・コーポレーションとランク・ゼロックスも富士ゼロックスを信頼すると考えることができる。

　ランク・ゼロックスにとっては，富士写真フイルム社長の小林節太郎氏への信頼以外に，共同事業契約と取締役会付議事項の規定が，富士ゼロックスへの信頼を確かなものとしていた。共同事業契約と取締役会付議事項の規定によって，経営の重要なことについては権限を保持しているので，本社の経営方針から逸脱しないという安心感あるいは信頼を持つことができ，ちくいち監督していなくても，経営をまかせることができた。

第5の要因

　チャーター獲得への行動を起こさせた危機意識について見てみよう。6つの認識からなる危機意識については，8－5節において述べている。

　危機意識のうち，現時点あるいは近い将来，期待通りの業績をあげられていないか，期待通りの業績をあげられなくなるという第1の認識について見ていく。1970年にセレンドラムその他基本特許の消失が決定していた。したがっ

て，特許消失の結果としての多数の新規参入を予想していたと考えることができる。このような予想をしていたのならば，近い将来，期待通りの業績をあげられなくなるという認識を持っていたと考えることができる。したがって，富士ゼロックスは第1の認識を持っていたと考えることができる。

　本社と海外子会社とでは，海外子会社業績の悪化傾向について，同等の認識を持っていないという第2の認識について見ていく。1968年時点において，富士ゼロックスは，近い将来，期待通りの業績をあげられなくなると予想していたと考えることができるのに対して，ゼロックス・コーポレーションはそのようなことは予想していなかったと考えることができる。これは，ゼロックス・コーポレーションの業績が良好であることから[35]，日本における競争環境の厳しさを実感できないと，富士ゼロックスは認識していたと考えることができるからである。したがって，富士ゼロックスは第2の認識を持っていたと考えることができる。

　業績悪化への対応策の提示が，本社より行われる可能性は低いと，海外子会社が認識しているという第3の認識について見ていく。富士ゼロックスはゼロックス・コーポレーションに，顧客からの改善要望を伝えていた。

　改善要望としては，複写用紙のサイズ（欧米ではリーガルサイズやレターサイズの利用が多いのに対して，日本はB4サイズが多いこと）や，複写機のサイズ（日本におけるオフィスのスペースに対して大きすぎること）や，気候条件への対応（欧米に比べて高温多湿であることが，複写品質に悪い影響を与えること）などである。

　しかし，ゼロックス・コーポレーションの回答は「そういうのは無視できる問題だ[36]」であった。したがって，富士ゼロックスは第3の認識を持っていたと考えることができる。

　新たなケイパビリティの構築が必要であるという第4の認識について見ていく。特許消失対策の1つとしては，顧客からの改善要望に応える新製品の開発がある。ゼロックス・コーポレーションは対応してくれないと認識していることから，富士ゼロックスが顧客からの改善要望に対応しなければ，予想される新規参入企業との競争で，苦戦する可能性があった。したがって，富士ゼロッ

クスは第4の認識を持っていたと考えることができる。

　新たなケイパビリティを構築することが，業績悪化の阻止につながるという確信を，海外子会社が持っているという第5の認識について見ていく。富士ゼロックスは顧客からの改善要望を理解しており，改善要望に応えることができれば，新規顧客への売り込みにも良い反応を期待できると考えていたと見ることができる。したがって，富士ゼロックスは第5の認識を持っていたと考えることができる。

　新たなケイパビリティの構築に必要なものを入手済みであるか，入手しようとすれば容易に入手できると，海外子会社が認識しているという第6の認識について見ていく。基本特許の消失対策の1つとして，チャーターから逸脱して新製品開発を開始するケイパビリティを保持していたのは，社長の業務を実質上行っていた庄野伸雄氏の「技術なくして企業の発展なし[37]」という信念からである。販社であるにも関わらず，新製品開発を始めた1968年において，技術開発部には53名存在していた[38]。したがって，富士ゼロックスは第6の認識を持っていたと考えることができる。

　富士ゼロックス事例について上述の6つの認識を検討した結果，6つの認識すべてを持っていたと考えることができる。そして6つの認識よりなる危機意識が[39]，ゼロックス2200の開発プロジェクトを1968年に開始させたと考えることは可能である[40]。

　本節では，本社から与えられたチャーターから逸脱した富士ゼロックス事例においては，チャーター獲得のための条件が整っており，チャーター獲得への行動を起こさせる危機意識が存在していたことを示した。つまり，自国中心主義の度合いの低いこと，戦略的な位置づけが低いこと，業績が悪くないこと，本社の経営方針から逸脱しないという安心感あるいは信頼のあるという状況の下で，6つの認識からなる危機意識に注目することで，富士ゼロックス事例の説明は可能であることを示した。

8-7 まとめ

　富士ゼロックス事例を分析するには，本社から与えられたチャーターからの逸脱を検討する必要があり，チャーターについて言及しているバーキンショー＝フード（1998）に基づいた分析が必要であることを示した。

　海外子会社のチャーター獲得を考察するには，本社要因，子会社要因，受入国要因の検討が必要であり，それ以外に，チャーター獲得への行動を起こさせる要因についての検討が必要である。バーキンショー＝フード（1998）の示したチャーター獲得への行動を起こさせる要因に対して，疑問のあることを指摘した。その上で，チャーター獲得への行動を起こさせる要因として危機意識に注目した。

　本章での検討においては，富士ゼロックス事例の説明のために，自国中心主義の度合いの低いこと，戦略的な位置づけが低いこと，業績が悪くないこと，本社の経営方針から逸脱しないという安心感あるいは信頼のあるという状況の下で，6つの認識からなる危機意識に注目することで，富士ゼロックス事例の説明は可能であることを示した。説明の際，「マザードーター組織」であることが，チャーター獲得のための条件を整えるために重要であることも指摘した。

　富士ゼロックス事例については，この5つの要因によって説明できるとしても，5つの要因によってほかの事例も説明できるのであろうか。9章では，日本コカ・コーラ社事例と台湾TDK事例を紹介する。

【注】

1）以下では，基本的に本社という表現をする。文献によっては，親会社という表現を用いており，親会社という表現がされている文献の紹介を行う場合は親会社と表現するので，本社と親会社が混在することになる。本章では，本社という表現で取り扱うものと，親会社という表現で取り扱うものの内容は，同じであるとする。

2）日本企業を対象にした考察を行うので，日本において最も有力な直接投資理論であ

った「経営資源」仮説に基づいた説明を行う。「経営資源」についての正確な定義は1章において既述している。しかしその定義は詳細すぎるので，ここでは簡略に，ヒト，モノ，カネ，情報を「経営資源」とする。

3）吉原（1988）p. 22 において，海外子会社から親会社へ，あるいは海外子会社間で移転していくことは，将来的には予想されるが，海外子会社から親会社への経営資源移転が議論の対象になることはないと記述していた。つまり，1988年時点における国際経営学者の認識としては，海外子会社から親会社への移転は，考慮する必要のないことであった。

　しかし，近年においては，移転は可能と見る研究が存在している。例えば，高井（2013）では，海外孫会社（高井（2013）は子会社と表現）の有益な知識・ノウハウは，地域統括会社を通じて伝達することが可能と見ている。つまり，海外孫会社は有益な知識・ノウハウを生み出すことが可能であることを前提として，議論している。

4）吉原（1992）によれば，富士ゼロックスは1962年に富士写真フイルムとイギリスのランク・ゼロックスの合弁会社（複数の企業が出資することで設立する新たな会社）として設立されており，ランク・ゼロックスへはアメリカのゼロックス・コーポレーションが50％（1969年になって51％）出資している。資本関係上は，富士ゼロックスはアメリカのゼロックス・コーポレーションの日本孫会社であるが，実質的には，アメリカのゼロックス・コーポレーションの日本子会社と考えられている。しかし，現在はゼロックス・コーポレーションが持株の一部を売却したので，富士フイルムホールディングスの連結子会社となっている。また，「2014総覧」には，当然，富士ゼロックスが海外現地法人として掲載されるはずがないので（海外に現地法人を持つ企業としては掲載されている），「海外子会社」ではなく，海外子会社と表現する。

5）吉原（1992）では，複写機であるゼロックス2200とゼロックス3500の開発に関わることを主に紹介している。しかし，与えられた役割あるいは権限から逸脱して，イノベーション（新製品）を生み出したことが明確に示されているのは，ゼロックス2200の開発に関わるケースである。このため，本章で富士ゼロックス事例と表現する場合に紹介するのは，ゼロックス2200の開発に関わるケースである。

6）吉原（1992）には，ゼロックス2200という新製品開発の権限が，開発成功後に与えられたとは，記述されていない。しかし，権限が与えられなかったのなら，業務命令に違反した（新製品を開発した）ことに対するペナルティが与えられていたはずである。ペナルティが与えられなかったのなら，事後的に，ゼロックス2200開発の権限が与えられたと考えることができる。

7）最終的には，多くの組織がグローバル・マトリックスの組織になるとしても，ストップフォード＝ウェルズ（1972）が存在しなければ，グローバル・マトリックスの組織は徐々にしか増加しなかった可能性がある。
8）ストップフォード＝ウェルズ（1972）では，企業の海外事業のフェーズ1において設立されている海外子会社は，自立性を与えられていることから，自立的海外子会社と呼ばれている。自立的海外子会社であれば，次に紹介するマザードーターモデルと同様に，富士ゼロックス事例に対する説明は可能ではある。
9）小林陽太郎氏は，1963年に富士写真フイルムから富士ゼロックスに移籍し，1968年に取締役になっている。取締役に関しては，吉原（1992）ではなく，小林陽太郎氏に関するウィキペディア情報（https://ja.wikipedia.org/wiki/ 小林陽太郎閲覧日2015年10月11日）に基づく。富士写真フイルム社長が，小林陽太郎氏の父親であったことを考慮すると，富士写真フイルムと富士ゼロックスとの関係は「マザードーター組織」であったと考えることができる。
10）9章の日本コカ・コーラ社事例において詳述する。
11）10章において詳述する。
12）本国志向から地域志向へのジャンプや，地域志向から現地志向への後退もありうると見ている。
13）山本（2008）p.52での指摘である。
14）ヒーナン・パールミュッター（1979）訳書p.19表2－1に権限：意思決定という項目が存在しているが，権限への注目は，本国志向，現地志向，地域志向，世界志向の特徴を示すにとどまっている。
15）バレット＝ゴーシャル（1989）では，さまざまな表現で，繰返しトランスナショナル・アプローチについて言及している。しかし，具体的な処方箋については言及していない。
16）浅川（2003）p.143によれば，トランスナショナル組織に至るプロセスに言及している研究は存在しているが，変革プロセスについては検証されていない。さらに，浅川（2003）p.157において，現実には存在していないような優れたマネジャーを必要としていることを指摘している。
17）バーキンショー＝フード（1998）p.775の図1に基づいての，本章における解釈である。
18）バーキンショー＝フード（1998）には不十分な点のあることが，松川（2013）において指摘されている。

19) チャーターについては，海外子会社と本社間にある海外子会社の責任範囲についての共有された知識であると見ることもできる。本章では，理解のしやすさを重視して，チャーターを役割あるいは権限と見ることにする。
20) 介入の程度とは，本社による指示の頻度と，指示における強制力の程度であるとする。
21) 介入の程度が低くても，目標管理によって，本社は海外子会社の行動をコントロールすることは可能である。
22) この状況は，本社社長が本社製品事業部の部長や地域別事業部の部長に権限の一部を委譲しても，同じである。委譲された事業部の部長にとっても，時間は有限な資源である。製品事業部の部長における時間や関心は，売上高の大きな製品や戦略的に重要な製品に向けられるべきであり，向けられていることが予想される。地域別事業部の部長における時間や関心は，売上高の大きな地域・国や戦略的に重要な地域・国に向けられるべきであり，向けられていることが予想される。
23) 浅川 (2003) p.124 において，子会社の業績が悪いと自律性は低下する，という研究の存在していることが紹介されている。
24) 海外子会社のチャーターは，本社の国際経営戦略に基づいて与えられるものなので，海外子会社がチャーター獲得するということは，本社における国際経営戦略の変更を必要とする。本社における国際経営戦略を変更するには，本社関係部署による変更への了承を必要とする。つまり，海外子会社が新たなチャーターを獲得するには，本社関係部署に対して，国際経営戦略変更に関する了承をもらうための交渉が必要となり，交渉のために必要な時間と手間は多大であることが多い。このため，よほどのことがない限り，海外子会社はチャーター獲得のための行動を開始しようとは思わない。
25) 本社にプロジェクトを開始するために必要なチャーターを獲得するための申請をせず，したがって本社の許可を受けずに（チャーターのないまま），プロジェクトを開始する可能性はある。本社がプロジェクト開始を認識すれば，海外子会社社長は責任をとらなければならないが，海外子会社社長が責任をとる覚悟をしていれば，チャーターのないまま，プロジェクトの行われる可能性は存在する。実際，富士ゼロックス事例においては，秘密プロジェクトとして実施している。
26) 売上高が急速に拡大することが予想される場合にも，新たなケイパビリティ構築に必要なチャーター獲得を考える可能性がある。ここでは，売上げの拡大する場合についての検討は行っていないが，売上げの拡大した事例を収集した上で，検討を行いたい。

27) 折橋（1997）p. 9。
28) 海外子会社の役割進化を考察するのに，製品Aを生産している海外子会社と，製品Bを生産している海外子会社とが，製品Cを生産するチャーター獲得競争を行っている状況に注目することは，適切には見えない。製品Aを生産している海外子会社が，製品Cを生産するチャーターを獲得しても，役割進化しているように見えないからである。このため，生産というチャーターを持っていない販社が，チャーター獲得競争に参加することに関する考察を行った。

　製品Aと製品Bを，同じ海外子会社が生産する方が，低生産コストである可能性のあることにも注目するべきである。生産コストに関わりなく，別の海外子会社が生産しているならば，輸入制限等の現地での政治要因が関わっている可能性がある。そうであるなら，製品Cを生産するチャーターも，政治要因によって，獲得する海外子会社があらかじめ決まっている可能性がある。このことを理解している海外子会社は，製品C生産チャーター獲得競争には参加しない。
29) 11章において，さらなる高い実績を得るために，取ることができるリスクを取る場合のあることを述べている。インタビューから得られた知見なので，取ることのできるリスクとは，具体的にはどういうレベルのリスクであるのか，100人ビジネスマンがいれば，何人のビジネスマンがリスクを取るのか等を，明らかにしていかなければならない。
30) 一般に，これほど極端な指針を持つ企業は存在していない。しかし，本社の業績に持続的な悪化が見られる場合，主たる取引銀行であるメインバンクから本社に人が派遣されることや，メインバンクに経営計画や決算を見てもらうことは，しばしば見られることである。メインバンクは本社の決算を良くするために，赤字事業や赤字の海外子会社の清算等を提案する可能性がある。したがって，メインバンクに協力を仰いでいる場合には，海外子会社は，業績の悪化リスクに対して過敏に反応する可能性がある。
31) 企業は，常に利潤最大化を行うと見なすべきかもしれない。しかし，行動経済学が台頭してきた現代においては，感情などの非経済的要因にも注目しなければならない。
32) 製品開発の役割はアメリカのゼロックス・コーポレーションが担い，富士ゼロックスは販売機能を担うということを前提として，富士ゼロックスが設立された。したがって，富士ゼロックスが製品開発の役割を担いたいと，富士写真フイルムに申し出ても，ゼロックス・コーポレーションに申し出ても，ランク・ゼロックスに申し出ても，認めてもらえないと考えた。このため，富士ゼロックスはゼロックス2200の開発プ

ロジェクトを秘密のプロジェクトとした。

　富士ゼロックスは，富士写真フイルムに対しても，秘密のプロジェクトとした。富士写真フイルムが，そのことを組織として認識していれば，ゼロックス・コーポレーションやランク・ゼロックスとの関係上，プロジェクトを中止させるように動くからである。

　富士写真フイルム社長である小林節太郎氏は，富士ゼロックスの小林陽太郎氏を通じて，秘密のプロジェクトの存在を察知していたと考えることができる。しかし，個人としての小林節太郎氏が秘密プロジェクトを知っていたか否かに関わりなく，富士写真フイルムが組織として，秘密プロジェクトの存在を認識していなければ，中止させるように動く必要はない。このため，開発プロジェクトは秘密プロジェクトであり続けたと考えることができる。

33）富士写真フイルムには富士ゼロックスを担当する部署はなく，富士ゼロックスは富士写真フイルム社長であった小林節太郎氏の専管事項であった。したがって，小林節太郎氏が富士ゼロックス取締役である小林陽太郎氏を信頼している限り，富士写真フイルムと富士ゼロックスは「マザードーター組織」であると見なすことは可能である。

34）吉原（1992）p. 161。

35）基本特許の消失は，日本であってもアメリカであっても同じである。しかし，吉原（1992）付表2に示されているゼロックス・コーポレーションの1972年における経常利益は前年比プラスであった。それに対して，付表1に示されている富士ゼロックスの1972年における経常利益は前年比マイナスであった。この相違は，日米における競争環境の相違がもたらしたと考えることができる。

36）吉原（1992）p. 52。

37）吉原（1992）p. 73。

38）吉原（1992）p. 69。

39）第1の認識のみを，危機意識と見ることは可能である。しかし，例えば第6の認識を持っていない場合，危機意識ではなく，諦念を持つことになる可能性がある。このため，本章では危機意識を6つの認識よりなるものと見なしている。

40）吉原（1992）には，開発プロジェクトが基本特許消失対策であるとは記述されていないが，本章では消失対策であると見なしている。

第9章 チャーター逸脱事例

9－1　はじめに

　8章において，与えられたチャーターから逸脱したとして，富士ゼロックス事例を分析した。しかし，富士ゼロックス事例において，ゼロックス2200開発が成功したあとには，本社からゼロックス2200開発チャーターを事後承認されていたはずである[1]。本章で紹介する事例においても，本社により事前承認，あるいは事後承認された事例をチャーター逸脱事例としている。

　本章で紹介する逸脱事例は，8章において検討した5つの要因を満たしているのであろうか。以下では，チャーター逸脱事例として，日本コカ・コーラ社事例と台湾TDK事例を紹介する[2]。

9－2　日本コカ・コーラ社事例

　多田（2014）に基づいて，1970年以降の飲料市場を概観した後，ザ コカ・コーラカンパニーの海外子会社である日本コカ・コーラ社事例を紹介していく。1970年以降なのは，缶コーヒー飲料開発に関わる事情を明らかにすることを重視しているからである。

　高度経済成長が清涼飲料の消費拡大をもたらし，炭酸飲料であるコーラ飲料の生産・販売は拡大したが，消費者の嗜好が変化した結果，1970年代にコーラ飲料の消費が頭打ちとなった。大々的な販売促進活動が行われたため，1976年からコーラ飲料の販売量は再度拡大傾向を見せたものの，1978年をピーク

に，コーラ飲料販売量は再び減少することになった。

　1980年代になると，飲料に健康，おいしさ，ファッション性が求められ，コーヒー，お茶，スポーツ飲料などの非炭酸飲料が拡大していくことになった。競争も激しさを増していき，製品多様化が進展した。1990年代以降においては，これまで以上に健康・美容などの付加機能が求められるようになった。

　炭酸飲料から非炭酸飲料へという消費者の嗜好の変化は，日本コカ・コーラ社に対しても影響を与えた。日本コカ・コーラ社は，1973年代時点において，コカ・コーラの売れ行きが鈍化したことから，製品の多角化によって対応しようとした[3]。しかし，後述のように，本社は十分な営業努力を行えば，コカ・コーラの拡販は可能であると考えていた。つまり，本社の国際経営戦略と日本コカ・コーラ社の方針は，相違していた。

　1973年時点における日本コカ・コーラ社の方針は，現時点においては妥当であったと評価できる。消費者の嗜好が，コカ・コーラのような炭酸飲料から，コーヒーやお茶やミネラルウォーター等の非炭酸飲料へと変化しており，この変化は時代の流れであった。営業努力によってコカ・コーラの拡販を行ったとしても，一時的な効果しか得られないことから，製品多角化方針は妥当な方針であったと考えることができる。

　日本コカ・コーラ社は，上述の方針に基づいて，何らかの非炭酸飲料を開発し，販売すべきであった。この時期の飲料市場においては，非炭酸飲料である缶コーヒー飲料の売上げが増加しつつあったことから，日本コカ・コーラ社は早期に缶コーヒー飲料の開発・販売を行うべきであった。しかし，海外子会社である日本コカ・コーラ社は，本社からの許可を受けるのに手間取った結果，缶コーヒー飲料の早期における開発・販売は行えなかった。

　飲料市場での缶コーヒー飲料の売上げが増加しつつある状況の下で，日本コカ・コーラ社が缶コーヒー飲料を提供しなかったため，日本コカ・コーラ社とフランチャイズ契約しているボトラー（コカ・コーラ原液に水を加えて販売している企業）の何社かは，1974年，1975年頃には，ライバルである企業と提携することで，缶コーヒー飲料の販売を行っていた[4]。

ボトラーは，ライバルである企業と提携して，缶コーヒー飲料の販売を行う前に，日本コカ・コーラ社に対して，缶コーヒー飲料を開発するように要望していた。しかし，日本コカ・コーラ社は本社の許可を得られなかったため，缶コーヒー飲料の開発に取り組めず，ボトラーに対して缶コーヒー飲料を提供できなかった。

　本社が開発を許可しなかった理由は，コーヒーは人によって飲み方がそれぞれであり，飲み方によっては品質保持できず，品質保持できなければブランドを傷つける可能性のあることを重視したからである。また，先進的な飲料市場であるアメリカ市場に缶コーヒー飲料と同種の製品がないことから，先進的な飲料市場を追いかけることが予想される日本の飲料市場において，売れないことを予想した可能性がある。このため，本社は，缶コーヒー飲料は売れるはずがないと考え，缶コーヒー飲料の開発に反対した[5]。

　本社の反対によって，日本コカ・コーラ社が缶コーヒー飲料の開発に取り組めなかった間に，ライバル各社の缶コーヒー飲料の販売が次々と行われた。この状況に対して，日本コカ・コーラ社が危機意識を持っていたか否かに関して，多田（2014）には具体的な既述はないが，危機意識を持っていたと考えることは可能である。

　日本コカ・コーラ社は，「製造費，広告費はゼロ，ストックもできるだけ少なくせよ[6]」という本社の要請を受け入れることによって，缶コーヒー飲料の自主開発の承認をようやく得ることができた。日本コカ・コーラ社の缶コーヒー飲料（ジョージア）の登場に伴って，ライバル各社の缶コーヒー飲料の販売を行っていたボトラーも，次第に日本コカ・コーラ社の缶コーヒー飲料に切り替えていった。

　自主開発した缶コーヒー飲料の販売は，後述しているように，成功した。しかし，1971年に社長となり，缶コーヒー飲料開発を認めた，技術部門出身の岩村政臣氏は1975年に更迭され，後任社長は米国コカ・コーラ社から派遣された。

　後任社長は，コカ・コーラ第一主義などのスローガンを掲げた。コカ・コー

ラ第一主義というスローガンは，缶コーヒー飲料の開発・販売などは評価しないことを明確に示すことを目的の1つとしていた可能性がある。

缶コーヒー飲料市場は急速に拡大していった中で，日本コカ・コーラ社の缶コーヒーであるジョージアは後発であるにも関わらず，売上げを伸ばしていき，1985年には第1位のシェアを獲得するまでになったことから，缶コーヒー飲料の開発・販売は成功であったと評価できる。

非コーラ部門の販売量の拡大とともに，コーラ飲料のニーズは低迷しているという状況の下でも，本社は日本コカ・コーラ社社長を派遣し続けた。再度，日本人社長が誕生するのは2001年であった。

1971年～1975年における5つの要因

8章の検討より得られた，役割あるいは権限を意味するチャーター獲得への行動を起こすことを可能とする5つの要因が，日本コカ・コーラ社において適合していたか否かを見ていく。

第1の要因

本社のマネジメントの自国中心主義の度合いについて見ていく。日本人社長を任命したのは，進出国との協調や現地化の姿勢を示すためである。そうであれば，日本コカ・コーラ社の経営への介入の程度は低いと考えることができる。介入の程度によって自国中心主義の度合いを判断するならば，自国中心主義の度合いは低いといえる。

コカ・コーラ第一主義を掲げる本社の方針と抵触する可能性があるにも関わらず，缶コーヒー飲料の自主開発という行動を取ったのは，岩村政臣氏が本社のマネジメントの自国中心主義の度合いは低いと認識しているからであると考えることができる。

第2の要因

戦略的に高く位置づけられているか否かについては，多田（2014）には，明

確には記述されていない。記述されているのは，進出直前の時期における日本支社責任者が直属の上部機関の責任者に，日本市場の将来性を強く訴えたことから，進出が決定したということだけである。いいかえれば，日本支社責任者が強く訴えなければ進出しない，その程度の国であり，進出時点においては，戦略的に高く位置づけられていなかったと考えることができる。

1970年代前半の日本コカ・コーラ社については，多田（2014）に記述がないため，戦略的に高く位置づけられているか否かについては判断できない。

第3の要因

海外子会社の業績が悪いとまではいえないことについても，多田（2014）には明確には記述されていない。記述されているのは，コーラ・フレーバー炭酸飲料が1960年代には驚異的な勢いで増加したことと，コーラ飲料における日本コカ・コーラ社のシェアが高いことである[7]。この2つの事実から，日本コカ・コーラ社は業績が悪いとはいえないと考えることが可能である。

第4の要因

海外子会社のマネジメントが本社の経営方針から逸脱しないという安心感あるいは信頼を持てることについても，多田（2014）には記述されていない。記述されているのは，本社が，日本における問題（チクロ騒動，破ビン事件，合成着色料問題）への対応策として，進出国との協調や現地化の姿勢を示すために，日本人社長を誕生させたことと，岩村政臣氏は1947年に入社して技術部門の役職を担っていた人物であったということだけである[8]。

岩村政臣氏は本社から一定の信頼を得ていたと認識していた。例えば，1972年1月の会見において，「日本コカ・コーラは今まで以上に独立性を強く持ってくるようになろう[9]」と述べるとともに，「しょせんは人形的存在ではないかとおっしゃる向きだが，米コカ・コーラは日本をもっと真剣に考えている[10]」と述べている。

上述の岩村政臣氏の発言からは，本社から信頼されており，日本コカ・コー

ラ社独自の方針に基づいて行動することは容認されているという認識を，岩村政臣氏は持っていたと考えることができる。したがって，海外子会社のマネジメントが本社の経営方針から逸脱しないという安心感あるいは信頼を持たれていると，岩村政臣氏（海外子会社）は認識していた[11]。

第5の要因

6つの認識からなる業績悪化への危機意識について見ていく。

危機意識のうち，現時点あるいは近い将来，期待通りの業績をあげられていないか，期待通りの業績をあげられなくなるという第1の認識について見ていく。消費者の嗜好が非炭酸飲料へと変化したことと，ライバル企業が続々と缶コーヒー飲料に参入したことと，日本コカ・コーラ社のボトラー各社がライバル企業の缶コーヒー飲料を販売しているという状況を，日本コカ・コーラ社は認識していた。この状況において，缶コーヒー飲料の開発・販売をしなければ，業績は低下するという予想をしたと考えることは可能である。したがって，日本コカ・コーラ社は第1の認識を持っていたと考えることができる。

本社と海外子会社とでは，海外子会社業績の悪化傾向について，同等の認識を持っていないという第2の認識について見ていく。日本コカ・コーラ社は消費者の嗜好が非炭酸飲料へと変化したと認識していた。それに対して，岩村政臣氏更迭後の本社から派遣された後任社長は，コカ・コーラ第一主義などのスローガンを掲げた。これは，コカ・コーラの拡販に十分な努力をすれば，業績に問題は生じないと，本社が見ていることを示唆している。

日本コカ・コーラ社が業績（炭酸飲料の販売量）は拡大しないという意味で良くないと見ているのに対して，本社は日本コカ・コーラ社の営業努力が十分でないため，一時的に業績が拡大していない状況にあると見ていると，日本コカ・コーラ社は認識していたと考えることができる。したがって，日本コカ・コーラ社は第2の認識を持っていたと考えることができる。

業績悪化への対応策の提示が，本社より行われる可能性は低いと，海外子会社が認識しているという第3の認識について見ていく。日本コカ・コーラ社の

第 9 章　チャーター逸脱事例　◎──　115

缶コーヒー飲料開発に関する要望に対して，本社は強硬に反対してきた。このため，本社が缶コーヒー飲料を開発して，日本に導入される可能性は低いと認識していたと考えることができる。したがって，日本コカ・コーラ社は第 3 の認識を持っていたと考えることができる。

　新たなケイパビリティの構築が必要であるという第 4 の認識について見ていく。当時の日本飲料市場においては，炭酸飲料の販売量は伸び悩んでいた。そのような状況において，売上高の拡大を期待できる製品として，缶コーヒー飲料が注目されていた。このため，日本コカ・コーラ社は有望な缶コーヒー飲料生産に参入することを希望していたと考えることができる。しかし，本社が缶コーヒー飲料の開発をしてくれる可能性は低いと認識している。したがって，日本コカ・コーラ社が缶コーヒー飲料生産を希望するならば，缶コーヒー飲料生産の能力であるケイパビリティの構築が必要であるという第 4 の認識を持っていたと考えることができる。

　新たなケイパビリティを構築することが，業績悪化の阻止につながるという確信を，海外子会社が持っているという第 5 の認識について見ていく。炭酸飲料販売量の伸び悩みを認識していた日本コカ・コーラ社は，缶コーヒー飲料に注目していたと考えることができる。

　缶コーヒー飲料は，UCC 上島珈琲（当時）の 1970 年大阪万博での販売成功から広まっていった。1971 年に 6,000 kℓ だったものが，1975 年に 12 万 9,600 kℓ と[12]，約 20 倍に増加しており，高い成長率で販売量が伸びており，有望な製品であった。また，炭酸飲料では冬期の販売は低迷するのに対して，缶コーヒー飲料は加温が可能であるため，冬期の販売を期待することができる。したがって，日本コカ・コーラ社は第 5 の認識を持っていたと考えることができる。

　新たなケイパビリティの構築に必要なものを入手済みであるか，入手しようとすれば容易に入手できると，海外子会社が認識しているという第 6 の認識について見ていく。日本コカ・コーラ社はファンタグレープの自主改良をした経験があることや，多くの同業他社が缶コーヒー飲料開発に成功していることなどから，缶コーヒー飲料の技術開発は可能であると認識していたと考えること

ができる。したがって，日本コカ・コーラ社は第6の認識を持っていたと考えることができる。

　日本コカ・コーラ社事例について，危機意識に関わる6つの認識を検討した。多田（2014）には明確には記述されていないために，6つの認識すべてを持っていたと考えることは可能ではあるが，可能性の指摘しかできない。業績低下への危機意識が，本社の意向に反する缶コーヒー飲料の自主開発への契機となったと考えることは可能であるが，岩村政臣氏の日本コカ・コーラ社に対する「強い想い」などほかの要因が関係している可能性も存在する。

　5つの要因について，日本コカ・コーラ社事例の検討を行った。しかし，多田（2014）には明確な記述がなかった。このため，5つの要因の有効性を判断するためには，5つの要因に注目してのインタビュー調査を行うことが必要である。

9－3　台湾TDK事例

　安室他編（1997）に基づいて，台湾TDK事例を紹介する。台湾TDKはTDKから派遣された和田修氏が1人で土地を買い，建物を作り，3年間にわたって設立・発展に関与した。その後，和田修氏は香港TDKを創設し，TDKヨーロッパの社長となり，本社で事業部長を4〜5年務め，再び台湾TDKに赴任した。和田修氏が再び台湾TDKに赴任した理由の1つは，台湾TDKにおいて売上高の低下が見られたためである。

　台湾TDKへ2度目の赴任となる和田修氏は，台湾TDKにおける売上高低下の理由の1つとして，4〜5年にわたって設備投資が十分ではなかったことに注目していた。技術者流出も，台湾TDKにおける問題点と見ていた。

　和田修氏のとった対応策は，設備を大型化し，システム化する拡大路線であった。これによって，台湾TDKの技術を身につけても，設備投資のための資金を調達できない技術者は独立を断念する。したがって，設備の大型化は，技術者が身につけた技術の流出を阻止するとともに，技術者流出を阻止する対策

第 9 章　チャーター逸脱事例　◎──　117

にもなる。そして，技術者の流出がなければ，日本からの技術移転も可能となると考えていた。

　設備の大型化のために必要な資金は，預金（内部留保）と，日本の TDK の保証なしに日系銀行からの借金で賄った。また，1981 年〜1983 年の時限立法であった投資減税の存在を 1983 年秋口に知り，投資減税を利用しようとした。

　台湾 TDK の投資計画に対して，本社は許可を与えなかった（本社の返事は"No"）。この時，本社の"No"の返事にも関わらず，和田修氏は 40 億円の設備投資を独断で行った。それに対して，「本社からは散々叱られた[13]」と述べられていた。40 億円の設備投資というのは，台湾 TDK の設備投資に関して認められていたチャーターからは，逸脱していたと考えられるが，和田修氏は更迭されなかった[14]。

　信念にしたがって，奨学基金を 2,000 万円から 4 億 4,000 万円に増額したことも述べられていた。この増額に対して，TDK 社長から「お前は変わっている[15]」といわれたが，この増額によっても更迭はされなかった。4 億 2,000 万円の増額によって 4 億 4,000 万円とすることは，台湾 TDK に認められていたチャーターを超える金額であったと予想される。本社の承認が必要な金額である可能性があり，「お前は変わっている」という言葉から，本社は台湾 TDK の内部留保を奨学基金の増額に使うことについて，認めたくなかったことが示唆される。

1982 年〜1983 年における 5 つの要因

　和田修氏が 2 度目の台湾赴任した 1982 年から，設備投資に関する本社の反対を無視することにした 1983 年に注目して，海外子会社が新たなチャーター獲得への行動を起こすことを可能とする 5 つの要因について見ていく。

第 1 の要因

　本社のマネジメントの自国中心主義の度合いが低いことについて，安室他編（1997）に記述されていない。記述されているのは，台湾 TDK 設立に関与し，

香港 TDK を創設し，TDK ヨーロッパの社長となり，本社で事業部長職にあった和田修氏を，あえて再度，台湾 TDK に派遣したことだけである。この事実から，台湾 TDK については和田修氏に全権委任したかのように見える。全権委任したのであれば，本社と台湾 TDK は「マザードーター組織」であったと見ることも可能である。そうであれば，台湾 TDK における自由裁量の程度は，高いことが予想される。いいかえれば，本社のマネジメントの自国中心主義の度合いは，低かったと考えることができる。

第2の要因

戦略的に高く位置づけられているか否かについては，安室他編 (1997) には記述されていない。記述されているのは，投資額が減価償却を大幅に割り込み，設備がたいへん旧くなっていたことと，月間売上高の 1.5 倍もの現金預金があり，無借金であったことである[16]。

投資が少なくて，現金預金が多くあり，かつ，成長率がマイナス（業績は低下）であるという特徴を持っている海外子会社に対して，本社が戦略的に高く位置づけていたとは考えにくい。したがって，台湾 TDK は戦略的に高く位置づけられていないと考えることができる。

第3の要因

海外子会社の業績が悪いとまではいえないことについて，安室他編 (1997) には記述されていない。業績の低下は記述されていたが，同時に，月間売上の 1.5 倍の現金預金があり，無借金であることも記述されていた。したがって，台湾 TDK の業績は悪いとまではいえないと考えることができる。

第4の要因

海外子会社のマネジメントが本社の経営方針から逸脱しないという安心感あるいは信頼を持つことについて，安室他編 (1997) には記述されていない。和田修氏が台湾 TDK 設立に関与したことと，本社で事業部長職にあったことが

記述されていた。このことから，本社の経営方針から逸脱しないという安心感あるいは信頼を持たれていたと考えることはできる。

第5の要因

　6つの認識からなる業績悪化への危機意識について見ていく。

　危機意識のうち，現時点あるいは近い将来，期待通りの業績をあげられていないか，期待通りの業績をあげられなくなるという第1の認識について見ていく。台湾TDKは，新規設備投資を行わなければ，設備の旧さから，近い将来，期待通りの業績をあげられなくなると認識していた，と考えることができる。期待通りの業績をあげられなくなると考えていたからこそ，40億円の設備投資を行ったと考えることができるからである。

　本社と海外子会社とでは，海外子会社業績の悪化傾向について，同等の認識を持っていないという第2の認識について見ていく。本社は40億円の設備投資に"No"の返事をしたということは，業績は悪化しているが，40億円の設備投資が必要なほどは悪化していないと認識していた可能性がある。あるいは，何年か経過すれば売却・清算するので，悪化していても投資すべきではないと認識していたのかもしれない。1983年時点において明らかになっていたのは，本社は大型の設備投資に対して反対したということだけである。それに対して，台湾TDKは業績の悪化傾向について，40億円の設備投資が必要なほどの事態であると認識していた。したがって，台湾TDKは第2の認識を持っていたと考えることができる。

　業績悪化への対応策の提示が，本社より行われる可能性は低いと，海外子会社が認識しているという第3の認識について見ていく。台湾TDKは業績の悪化傾向から脱却するには，40億円の設備投資が必要なほどの事態であると認識している。しかし，40億円の設備投資案件に"No"と回答した本社が，40億円の設備投資に代替する提案をする可能性は低いと，台湾TDKが認識していたと考えることができる。したがって，台湾TDKは第3の認識を持っていたと考えることができる。

新たなケイパビリティの構築が必要であるという第4の認識について見ていく。現行の設備では，業績の悪化傾向から脱却するのは，困難であると考えることができる。現行の設備で脱却が可能であるなら，前任者が脱却させていたはずだからである。このため，台湾TDKは設備の大型化が必要であると認識していたと考えることができる。したがって，台湾TDKは第4の認識を持っていたと考えることができる。

新たなケイパビリティを構築することが，業績悪化の阻止につながるという確信を，海外子会社が持っているという第5の認識について見ていく。台湾TDKは，設備の大型化が業績悪化の阻止につながらなければ[17]，退職勧奨を受ける可能性も存在したにも関わらず，40億円の設備投資を独断で行っている。いいかえれば，業績悪化の阻止につながるという確信があったからこそ[18]，設備投資を行ったといえる。したがって，台湾TDKは第5の認識を持っていたと考えることができる。

新たなケイパビリティの構築に必要なものを入手済みであるか，入手しようとすれば容易に入手できると，海外子会社が認識しているという第6の認識について見ていく。設備の大型化についての困難は，安室他編（1997）に記述されていない。このため，設備メーカーに発注すれば問題なく，あるいは設備の大型化に関するノウハウをTDKが保有していることから，大型化は問題なく実現すると認識していたと考えることができる。資金調達については，内部留保および，本社の保証なしでの日系銀行からの借入れ交渉を行うことで，資金調達面での問題は解決済みであった。したがって，台湾TDKは第6の認識を持っていたと考えることができる。

台湾TDK事例について，危機意識に関わる6つの認識を検討した。安室他編（1997）に十分には記述されていないために，6つの認識すべてを持っていたと考えることは可能ではあるが，可能性の指摘しかできない。業績低下への危機意識が，本社の意向に反する40億円の設備投資への契機となったと考えることは可能であるが，和田修氏の台湾TDKに対する「強い想い」あるいは「強い絆」などほかの要因が関係している可能性も存在する。

5つの要因について，台湾 TDK 事例の検討を行った。しかし，安室他編（1997）には明確な記述がなかった。このため，5つの要因の有効性を判断するためには，5つの要因に注目してのインタビュー調査を行うことが必要である。

9－4 まとめ

チャーター逸脱事例として，日本コカ・コーラ社事例と台湾 TDK 事例を紹介し，海外子会社が新たなチャーター獲得を可能とする5つの要因が満たされていたか否かを検証しようとした。しかし，多田（2014）と安室他編（1997）には明確な記述がなかった。このため，5つの要因について検討するには，詳細な事例研究の存在が必要であることを認識することになった。

本章で示すことができたのは，富士ゼロックス以外にも与えられたチャーターから逸脱しようとした事例が存在していたことと，逸脱した場合のペナルティが多様であったことである。富士ゼロックス事例ではペナルティが示されておらず，日本コカ・コーラ社事例では更迭が見られ，台湾 TDK 事例では，散々叱られる程度であった。この相違は，本社からの信頼の相違である可能性がある。別の表現をすれば，「マザードーター組織」であったか否かが，ペナルティの有無に影響を与えた可能性がある。さらなる事例を収集することで，5つの要因の有効性を検討していきたい。

【注】

1) 事後承認されていないならば，何らかのペナルティが科せられていたはずであるが，ペナルティに関する記述はなかった。
2) 日本コカ・コーラ社事例と台湾 TDK 事例以外にも，チャーター逸脱事例と見ることの可能な事例は存在する。例えば，浅川（2003）pp. 120-121 に，アメリカのジーンズメーカーであるリーバイスの日本子会社であるリーバイ・ストラウスジャパンの事例が紹介されている。日本市場での売上げが頭打ちとなって，リーバイ・ストラウ

スジャパンは他社製品の分析や消費者に対する調査等を行って，日本人に適合するジーンズを開発した。日本発のジーンズは日本市場でヒットしたが，リーバイス本社の標準とはかけ離れたものであった。本社の標準とはかけ離れたものとなったことと，製品開発，企画が米国で集中的に行われており，そこの部分に参画することなど不可能との記述があることから，チャーターを持たずに開発に着手した可能性があると考えている。しかし，チャーターに関して明確には記載されていないため，ここでは紹介しない。

井上（2014）p.75 にも，本社の海外製品戦略に基づいて，タイ海外子会社に投入する予定の製品について，タイ海外子会社社長がキャリアを賭して異議を申し立てた（タイ海外子会社の製品案の提案をした）ことが記述されている。タイ海外子会社に投入される予定の製品について，タイ海外子会社は本社から相談され，タイ海外子会社は意見を述べただけと見ることは可能である。あるいは，タイ海外子会社に投入する製品の選定は，本社のチャーターであるにも関わらず，タイ海外子会社はそのチャーターを奪ったと見ることも可能である。この事例も，チャーターに関して明確には記載されておらず，記述されていることだけでは，チャーターから逸脱している（本社からチャーターを奪った）のか否か，ハッキリとしたことはいえないため，この事例もここでは紹介しない。

上述のように，チャーターから逸脱していると見ることの可能な事例はいくつか存在しているが，本章で紹介できるほどに詳細な記述のある事例はほとんど存在していない。

3）多田（2014）p.80 に，1973 年時点における日本コカ・コーラ社社長である岩村政臣氏の言葉として，「コカ・コーラの売れ行きが鈍化してきたのは事実であり，商品の多角化が必要と考えた」という新聞記事が示されていた。

4）多田（2014）p.84 によれば，ライバルである企業と提携して缶コーヒー飲料を販売することは，フランチャイズ契約に違反することを，ボトラー各社は認識していた。

5）多田（2014）p.83 に，「そんなものが売れるはずがない」と本社が考えていたことが記述されている。しかし，「ブランドイメージへの影響」や「売れるはずがない」といった反対理由は，表面的な理由であると考えることができる。本社は，缶コーヒー飲料の開発・販売を考える前に，コカ・コーラ販売にさらなる努力すべきであると考えていたことが，反対する本当の理由であると考えることができる。後任として派遣されてきた社長の言動や行動から，本社が上述のように認識しているからこそ，缶コーヒー飲料の開発に反対していたと考えることができる。

6）多田（2014）p. 84。
7）多田（2014）p. 56 と，p. 57 の図表 3 － 7 を参照した。
8）多田（2014）p. 78。1947 年に入社したのはザコカ・コーラエクスポートコーポレーションの日本ディビジョンである。
9）多田（2014）p. 78。
10）多田（2014）p. 79。
11）結果から判断すると，本社は日本人社長を十分には信頼していなかったと考えることができる。本社勤務経験を持つアメリカ人社員しか，本社からの十分な信頼を得ることはできない可能性がある。
12）多田（2014）p. 59。
13）安室他編（1997）p. 120。
14）安室他編（1997）では，元台湾 TDK 会長という肩書きで紹介されていた。この時点で更迭されていたのであれば，元台湾 TDK 社長という肩書きであると予想される。したがって，更迭されていないと考えることができる。
15）安室他編（1997）p. 121。
16）安室他編（1997）p. 118。
17）業績悪化の阻止につながったとしても，何らかのペナルティが予想される。
18）大企業である TDK であっても，"No" と回答するほどの金額なので，ライバル企業もこれほど大型の投資を行うことはできないと考えることができる。その場合，台湾 TDK のみが，規模の経済を享受できるので，ライバル企業よりも，生産コストが低くなり，業績の改善を期待できる。また，ライバル企業も 40 億円程度の大型の設備投資をしようと考えたとしても，需要規模に対して供給能力が大きくなりすぎる結果として，価格の低下が予想される。そして低下した価格では赤字となることが予想できるために，ライバル企業は大型投資を行わないと台湾 TDK は考えたことが，台湾 TDK における確信の根拠である可能性がある。

第10章
ポスト・トランスナショナル組織

10−1　はじめに

　海外子会社は30年ほどで3倍以上に増加し，現在もその傾向は変わらない。海外子会社の増加が意味することは，企業の国際化だけではなく，海外子会社を管理することが困難となることでもある。

　海外子会社の管理が困難となる理由の1つは，海外子会社数の増加である。海外子会社1～2社を管理するよりも，増加した多数の海外子会社，例えば，10社～20社を管理する方が困難である。また，海外子会社が10社～20社存在すれば，海外子会社のおかれているビジネス環境は多様であるので，多様な各海外子会社のビジネス環境を理解した上で管理することは困難となる。

　その上，増加する海外子会社の中には，役割あるいは権限を意味するチャーターを持たないにも関わらず，自発性を発揮する海外子会社が，一定数は存在すると予想される。そのような海外子会社が存在することになれば，管理はより一層困難となる。

　チャーターを持たないにも関わらず，自発性を発揮する海外子会社については8章で検討を行い，9章ではそのような海外子会社が存在することを示した。本章では，企業グループとしてのまとまりを維持しつつ，海外子会社の自発性の発揮を阻害しないよう，適切な管理[1]をするために，ポスト・トランスナショナル組織となることを提案する。

　10−2節では，自発性を発揮する海外子会社に関わるポスト・トランスナショナル組織の定義と特徴を示す。10−3節においては，自発性発揮を抑制す

る要因が存在しているため，自発性を発揮しようとする海外子会社は少ないことを示す。10－4節では，自発性を発揮しようとする海外子会社が存在するにも関わらず，ポスト・トランスナショナル組織となる途を歩まない場合に予想される事態を示した後，ポスト・トランスナショナル組織となる本社が行うべき作業を示す。10－5節ではまとめを行う。

10－2　ポスト・トランスナショナル組織の定義と特徴

　国際経営のためには集権的な組織がよいのか，分権的な組織が良いのか，あるいはグローバル統合の程度の高い方がよいのか，ローカル適応の程度の高い方がよいのかなどが議論され，現在ではトランスナショナル・アプローチという戦略を持つ組織が理想的な組織と見なされている[2]。

　トランスナショナル・アプローチという戦略を提案したのは，バレット＝ゴーシャル（1989）である。そこではマルチナショナル・アプローチという戦略，グローバル・アプローチという戦略，インターナショナル・アプローチという戦略，トランスナショナル・アプローチという戦略を提示している。

　マルチナショナル・アプローチという戦略は，各国市場の違いに敏感に対応することを目指したものなので，海外子会社の自由裁量度は高い。グローバル・アプローチという戦略は，本社に経営資源と組織能力を集中することで，世界規模での効率性を追求するものなので，海外子会社の自由裁量度は低い。インターナショナル・アプローチという戦略は，能力の中核部は親会社が持ち，ほかは海外子会社に移転するとしており，海外子会社の自由裁量度はグローバル企業よりは高く，マルチナショナル企業よりは低い。

　トランスナショナル・アプローチという戦略は，世界規模での高い効率性を持ち，高い柔軟性を持ち，高い学習能力を持つ。高い柔軟性というのは，本社と海外子会社，各海外子会社の相互依存を前提にして，双方向的なグローバル調整が行われることを意味している。また，相互依存関係のもとで本社と海外子会社が結びつくので，本社のイノベーションとともに，海外子会社のイノベー

ションが本社および世界中の海外子会社に移転すると見ており，高い学習能力を持つと想定している。

　トランスナショナルという戦略を持つ組織（以下では，トランスナショナル組織と呼ぶ）は，双方向的なグローバル調整が行われることから，海外子会社管理問題は存在しないとイメージされる。このイメージのため，本社による海外子会社管理については，ほとんど注目されてこなかった。

　本章では，双方向的なグローバル調整が行われていても，海外子会社管理問題は存在すると考えている。指示を行う側と指示を受け取る側という立場の違いがある限り[3]，海外子会社管理問題は存在し続けると考えるからである。

　本社が指示を出すのであれば，本社目線での指示，つまり，本社の認識する各海外子会社の能力であるケイパビリティを考慮した指示を出している。本社の認識する各海外子会社のケイパビリティと，海外子会社の認識するケイパビリティとが相違する場合には，本社の認識の方が妥当であったとしても，海外子会社は相違することに対して不満を持つ。双方向的なグローバル調整が行われても，認識の相違が解消しない限り，海外子会社は不満を持ち，その不満が適切な管理を困難にする。

　海外子会社における不満が表面化することは少ないとはいえ，表面化することはありえる。表面化の例として，チャーターを持たないにも関わらず，自発性を発揮しようとする海外子会社を挙げることができる。

ポスト・トランスナショナル組織の定義

　チャーターを持たないにも関わらず，自発性を発揮しようとする海外子会社を適切に管理するためには，本社目線での指示から脱却することが望ましい。本社目線から脱却して，各海外子会社の認識するケイパビリティや意欲を考慮[4]した指示を，海外子会社の自発性を組み込んだ指示と呼ぶこととする[5]。自発性を組み込んだ指示を行うことができれば，海外子会社を適切に管理することが可能となる。

　企業グループ内の海外子会社に，チャーターを持たないにも関わらず，自発

性を発揮しようとする海外子会社が存在する時に，海外子会社の自発性を組み込んだ指示を行う組織[6]を，ポスト・トランスナショナル組織と呼ぶこととする。

上述の組織をポスト・トランスナショナル組織と呼ぶ理由としては，海外子会社を適切に管理するという目的を達成するために，トランスナショナル組織の次に出現すべき組織であるいう意味を込めている[7]。

ポスト・トランスナショナル組織の特徴

ポスト・トランスナショナル組織は，海外子会社の自発性の程度と，本社のマネジメントの自国中心主義の度合い，つまり本社が海外子会社の自発性を許容する程度という2つの軸によって特徴づける。この時，ポスト・トランスナショナル組織は，海外子会社の自発性の程度が高く，海外子会社の自発性を許容する程度の高い場合に見られる。

これまでの海外子会社の類型化において，海外子会社の自発性を許容する程度については，「グローバル統合の程度」等の表現で取り上げられてきた。しかし，海外子会社の自発性の程度については，関心は十分には持たれてこなかった[8]。

例えば，海外子会社は自発性を発揮できる環境が整備されれば，つまり現地化を進めれば，自発性を発揮する，あるいは能力・リソースがあれば，自発性を発揮すると見られてきた。

自発性を発揮できる環境が整備されていなければ，自発性を発揮できないと見ることは妥当である。しかし，環境が整備されていても，自発性を発揮するとは限らない。

例えば，リトルリーグに入団していない小学生は，野球を行う環境が十分には整っていないために，全力で野球に取り組むことはできない。しかし，環境が整っているリトルリーグに入団していても，サッカーに関心が移ってしまえば，あるいは，進学するための勉学に関心が移ってしまえば，全力で野球に取り組むことはない。同様に，環境が整備されても，海外子会社が自発性を発揮

するとは限らない。

これまでの研究においては，海外子会社の自発性についての検討はほとんど行われてこなかった。それに対して，ポスト・トランスナショナル組織は自発性の程度と，本社が海外子会社の自発性を許容する程度という2つの軸に注目するという特徴を持つ。

図表10-1では，ポスト・トランスナショナル組織と「グローバル組織」を示すことによって，ポスト・トランスナショナル組織を理解しやすくしている。「グローバル組織」とは，バレット＝ゴーシャル（1989）で示されたグローバル組織を基にしている。本社に経営資源と組織能力を集中するグローバル組織[9]のうち，自発性を許容する程度が低く，自発性の程度が低いという特徴を持つ組織を「グローバル組織」とする。

図表10-1 海外子会社の類型化

（縦軸：海外子会社の自発性の程度　低い〜高い）
（横軸：海外子会社の自発性を許容する程度　低い〜高い）
右上：ポスト・トランスナショナル組織
左下：「グローバル組織」

出所）筆者作成。

10-3 海外子会社における自発性発揮の抑制要因

海外子会社の活動が企業グループに優位性をもたらしうると見る研究は存在している。それでは，すべての本社が海外子会社の自発性発揮を歓迎しているのであろうか。本章では自発性発揮を歓迎しない本社が存在すると考えている[10]。以下では，海外子会社における自発性発揮の抑制要因について見ていく[11]。

自発性発揮の抑制要因：本社の姿勢

　自発性発揮を抑制する第1の理由としては，海外子会社が与えられたチャーターから逸脱して自発性を発揮することに対して，強い忌避感を持つ本社社員が存在しており[12]，強い忌避感を持つ本社社員の態度が，自発性発揮を抑制する本社の姿勢をもたらすからである。

　強い忌避感は，本社と海外子会社との関係を上下関係でとらえていることからもたらされる。上下関係でとらえる本社社員にとっては，海外子会社は本社の指示にしたがって行動すべきであり，海外子会社が与えられたチャーターから逸脱して自発性を発揮することは認められない。

　認めることのできない海外子会社の自発性が，海外子会社の認識するケイパビリティによってもたらされている時には，強い忌避感を持つ本社社員は，海外子会社の認識するケイパビリティを認めることはできない。本社の認識する海外子会社のケイパビリティが唯一の妥当な認識であり，それ以外の認識は妥当ではないからである。

　強い忌避感を持つ本社社員が一定程度存在している状況では，海外子会社の自発性を組み込んだ指示を行う方が望ましいとしても，困難である[13]。海外子会社の自発性を組み込んだ指示が実現するためには，強い忌避感を持つ本社社員の行動が変化するようなショック，例えば，企業グループの連結決算が大幅な赤字となることが必要である。

自発性発揮における抑制要因：組織運営への悪影響の懸念

　自発性発揮を抑制する第2の理由として，与えられたチャーターから逸脱して動こうとする海外子会社が，ほかの海外子会社に悪影響を与えることへの懸念が存在するからである。チャーターから逸脱して，自発性を発揮しようとする海外子会社が1社でも存在すれば，その1社に影響されて，企業グループの組織運営に悪い影響の見られる可能性が生じる。

　組織運営に悪影響が生じれば，本社の理想とするビジネスを実現できなくなる可能性が存在する。この可能性を忌避する場合には，本社による海外子会社

への自発性抑制行動は，企業グループとして誤っているとはいえない。

　国際競争が厳しくなりつつある現在，海外子会社が与えられたチャーターから逸脱することを，どのように評価すればいいのであろうか。新製品の開発というチャーターを与えられていなくても，チャーターから逸脱することが企業グループの業績に良い影響を与える可能性があるのならば，許容すべきであると見る人はいるであろう。

　許容すべきであると考える人にとって，悪い影響を与える可能性のあることを理由として，チャーターから逸脱する海外子会社にペナルティを与えることは，妥当ではないと感じる。

　以下では，組織運営に悪い影響を与える可能性のあることをもって，ペナルティを与えることについて検討する。

自発性発揮の組織運営への悪影響に関する検討

　日本においては，野球に関する知識を持っている人が多いことから，イメージすることの容易な高校野球を例にして，与えられたチャーターからの逸脱についての検討をしてみたい。

　夏の地方大会の決勝戦，9回裏無死1塁，1対1の点数，高校1年生3番バッターの場面において，監督の選択肢（作戦）としてはバントという選択肢，自由に打たせるという選択肢，ヒットエンドランという選択肢が存在している。どの選択肢を選択するのかは，監督の専決事項であり，どの選択肢を選択しても誤りではない。

　上述の場面において，例えば，100人の野球部員を率いる監督が3番バッターにバントを指示したとする。バッターはバントをしようとしたが，真ん中高めの打ちやすい球がきたため，ついバットを振ってしまったとする。結果的には，それがホームランとなったため，試合に勝つことができ，甲子園出場を決めたとする。

　結果としてバントの指示を無視したことで甲子園出場をもたらした，この高校1年生3番バッターに対して，監督はどのように対応するべきであるかを検

討してみよう。本章では以下の3つの選択肢について検討してみる。

　第1の選択肢は，真ん中高めの打ちやすい球がきたという事情を考慮して，バントをしなかったことに対するペナルティを与えないという対応を取ることである。

　第2の選択肢は，甲子園出場をもたらしたホームランを打ったことから，4番バッターにするという褒賞を与えるという対応を取ることである。

　第3の選択肢は，監督の指示を無視してバットを振ったことに対して，高校1年生で3番バッターという有望な野球部員であっても，無期限の試合出場停止というペナルティを与えることである。

　野球部という組織を統括する監督は[14]，第3の選択肢を選択することが妥当だと考えることができる。ペナルティを与えない時には，監督の指示であっても，場合によっては無視してもよいという先例となりうるからである。監督の指示にしたがわないにも関わらず，有力な部員であれば，あるいは結果が良ければ，ペナルティを与えられないという現象を見た一部の野球部員が，ペナルティが与えられないという現象のみに注目して，指示にしたがわないという行動をとる可能性がある[15]。

　この可能性は，野球部を組織と見なしてよい場合（野球部員が100人や200人等の大人数であり，監督の指示が，監督という地位にいる人物からの指示であるがゆえに守られているという状況にある場合）には，無視できないほど高くなる。そして，何人かの野球部員が指示にしたがわないようになると，監督の理想とする野球の実現は困難となる。

　何人かの野球部員が指示にしたがわないようになってから強く指導しても，野球部員はそれ以前と同じようには行動しなくなる可能性がある。例えば，表面的には監督の指示に従っているように見えても，指示に対して手を抜く（1,000回バットをスイングしろといわれて800回，900回しか行わない）可能性がある。そうなった場合に，すべての野球部員がもう一度，監督の指示を100％守るようになる可能性は低い。

　上述の指摘は，可能性についての指摘であるため，第3の選択肢の選択を妥

当とは思わない人もいるであろう。しかし，組織の永続化を重視するゴーイング・コンサーンとしての野球部の場合には，第3の選択肢の選択を妥当と考えることができる。妥当と考えるのは，ゴーイング・コンサーンとしての野球部ということを想定しているからである。

　ゴーイング・コンサーンと想定するのならば，ペナルティを与えないという場面が10年間，20年間に20回，30回出現することを考えることができる。この時，監督の指示にしたがってもらえなくなる可能性が，各場面において1％，2％といった確率であっても，10年間，20年間の期間内に，指示にしたがってもらえない可能性に注目するのならば，第3の選択肢の選択を妥当と考えることができる。

　この仮想事例では，バントの指示を受けたにも関わらず，バットを振ってホームランを打ったとしている。しかし，ホームランとなりやすいボールを打つことと，ホームランを打つことはイコールではない。たまたま，ホームランとなることも，たまたま，ピッチャーゴロとなり併殺打となることもありえることである。

　野球部という組織を統括する監督は，たまたまホームランとなった場合であっても，ピッチャーゴロとなった場合でも，同様の責任を取らなくてはならない。つまり，監督の取るべき責任は，バントの指示をしたにも関わらず，その指示を3番バッターに守らせることができなかったことに対して生じるものであり，監督はそのことについて責任をとる必要がある。バットを振った結果がホームランとなるか否かは，監督のとるべき責任に影響を与えるものではない。

　監督の指示にしたがわないという高校野球のケースについて検討してきた。このことは企業グループにおいて，与えられたチャーターから逸脱する海外子会社についても，同様に当てはめることができる。
　国際競争が厳しくなりつつある時に，新製品の開発というチャーターを与えられていない海外子会社が新製品を開発・販売し，それが企業グループの業績によい影響を与えるケースについて検討してみたい。

チャーターを逸脱したことに対してペナルティを与えない時には，本社社長の指示であっても，場合によっては無視してもよいという先例となりうる。本社社長の指示にしたがわないにも関わらず，有力な海外子会社であれば，あるいは結果がよければ，ペナルティが与えられないという現象を見た一部の海外子会社は，ペナルティが与えられないという現象のみに注目して，指示にしたがわないという行動をとる可能性がある[16]。

この可能性は，企業グループを組織と見なしてよい場合（社員数が多く[17]，社長の指示が，社長という地位にいる人物からの指示であるがゆえに守られているという状況にある場合）には，無視できないほど高くなる。そして，何社かの海外子会社が指示にしたがわないようになると，本社社長の理想とするビジネスの実現は困難となる。

上述の指摘は，可能性についての指摘であるため，チャーターを逸脱したことに対して，ペナルティを与えるという選択は妥当とは思わない人もいるであろう。しかし，ゴーイング・コンサーンとしての企業グループという組織の場合には，ペナルティを与えるという選択を妥当と考えることができる。妥当と考えるのは，ゴーイング・コンサーンとしての企業グループを想定しているからである。

ゴーイング・コンサーンと想定するのならば，ペナルティを与えないという場面が10年間，20年間に20回，30回出現することを考えることができる。この時，本社社長の指示にしたがってもらえなくなる可能性が，各場面において1％，2％といった確率であっても，10年間，20年間の期間内に，指示にしたがってもらえない可能性に注目するのならば，ペナルティを与えるという選択を妥当と考えることができる。

上述では，新製品の開発というチャーターを与えられていない海外子会社が新製品を開発・販売し，それが企業グループの業績によい影響を与えるとしている。しかし，業績に悪い影響を与える可能性も存在している。たまたま，よい影響を与えることも，たまたま，悪い影響を与えることもありえることである。

企業グループという組織を統括する本社社長は，たまたまよい影響を与えるケースであっても，たまたま悪い影響を与えるケースであっても，同様の責任を取らなくてはならない。つまり，本社社長の取るべき責任は，チャーターからの逸脱を阻止できなかったことに対して生じるものであり，本社社長はそのことについて責任をとる必要がある。よい影響となるか否かは，本社社長のとるべき責任に影響を与えるものではない。

したがって，「マザードーター組織」などでなければ，上述の論理を理解している海外子会社は，新製品開発のケイパビリティがあるとしても，チャーターを与えられていない時には，新製品開発を行おうとはしないであろう。

本節では，本社が海外子会社の自発性発揮を抑制する2つの理由を示した。第1の理由は，本社社員における海外子会社との上下意識から，海外子会社の自発性発揮を感情的に許せないことである。第2の理由は，長期的な視野に立つ時（組織をゴーイング・コンサーンと見る時），海外子会社が自発性を発揮することが，ほかの海外子会社への管理に悪影響を及ぼす可能性を容認することができないからである。

次節では，海外子会社が自発性を発揮するために必要な本社の作業についての提案をする。

10-4　ポスト・トランスナショナル組織となる本社の行うべき作業

海外子会社が与えられたチャーターから逸脱して自発性を発揮するのが困難であることは，10-3節で詳説した。それでは，困難であるにも関わらず，与えられたチャーターから逸脱して自発性を発揮しようとする海外子会社が生まれた場合には，どのようなことが生じるのであろうか。

ポスト・トランスナショナル組織となる途を歩む場合

ポスト・トランスナショナル組織とは，海外子会社に対する適切な管理を目

的とし，チャーターを持てなかったことに起因する海外子会社の不満を緩和する組織である。したがって，ポスト・トランスナショナル組織となる途を歩むことによって，本社にとっても，海外子会社にとっても，不満なく仕事に取り組むことが可能となる。

ポスト・トランスナショナル組織となる途を歩まない場合

　富士ゼロックス事例と台湾TDK事例では，チャーターから逸脱したことによって，特別に何かが生じたとは記述されていない。しかし，多くのライバル企業と同様に，缶コーヒー飲料開発を行った日本コカ・コーラ社事例では，本社の意向に反する行動をした日本コカ・コーラ社の社長は更迭され[18]，以後，長期間にわたって日本人社長は任命されず，本社からの監視や指示の下にあった。

　日本コカ・コーラ社事例と同様に，海外子会社が与えられたチャーターから逸脱して自発性を発揮する場合には，海外子会社が自発性を発揮しないように，より厳格な管理が行われる可能性が存在する。しかし，そのような厳格な管理は，適切な管理とはいえない。

　本社が厳格な管理を行うということは，海外子会社が本社の方針から逸脱しないように常に監視をすることであり，本社の人材を，付加価値を何も生まない監視業務にあてることが必要となる。

　自発性を発揮しないように管理されている場合，例えば，現地市場の消費者の嗜好に変化に気がついていても，あるいは現地政府が新たな法律を施行しようとしていることを察知したとしても，海外子会社は本社に報告しない可能性が存在する。たとえ報告したとしても，本社がそういった情報の重要性を認識できないために，対応策をとるようにと指示しない可能性も存在する。そして，本社の指示がないことを理由として，監視されている海外子会社は対策をとらない可能性が存在している。

　このように，ポスト・トランスナショナル組織となる途を歩まないことによって，本社にとっても，海外子会社にとっても，効率的に仕事を行えない可能

性が存在している。したがって，与えられたチャーターから逸脱して自発性を発揮しようとしている海外子会社が生まれたならば，ポスト・トランスナショナル組織となる途を歩むことが望ましいと考えることができる。

ポスト・トランスナショナル組織構築のための海外子会社ピックアップ2条件

　ポスト・トランスナショナル組織となろうとする時，本社の行うべき作業は，与えられたチャーターから逸脱して自発性を発揮しようとしている海外子会社をピックアップして，新たなチャーターを与えることである。

　ピックアップする条件は，高い意欲を持ち，ケイパビリティ構築に自信を持つ海外子会社を峻別するとともに，新たなチャーターを与える海外子会社を少数[19]にとどめるための条件であり，具体的には，以下の2つの条件である。

　第1に新たなチャーター獲得のための申請があること，第2にトライアルに失敗した場合にはペナルティを与えることである。

　新たにチャーターを与える海外子会社は，本社が選抜するのではなく，海外子会社が立候補する形で決定する。したがって，立候補しなかった海外子会社がチャーターを持てないことについては，不満を持つことはない。

　失敗した場合にはペナルティを与えることで，成功する自信を持っている海外子会社のみが立候補するように誘導する。成功する自信を十分に持っている海外子会社であれば，ペナルティを無視・軽視でき，自信が十分でない海外子会社は，ペナルティが存在することから，立候補を躊躇してしまう。結果として，立候補する海外子会社は少数となる。

　上述の2条件によって，高い意欲を持ち，ケイパビリティ構築の自信を持つ海外子会社を峻別することが可能となるとともに，立候補する海外子会社を少数にとどめることを可能とする。

10-5 まとめ

　チャーターを持たないにも関わらず，自発性を発揮しようとする海外子会社が，企業グループ内に存在する時，海外子会社の自発性を組み込んだ指示を行う組織を，本章ではポスト・トランスナショナル組織と呼んだ。そして，ポスト・トランスナショナル組織になれば，本社は海外子会社を適切に管理することが可能となることを主張した。

　ポスト・トランスナショナル組織となるべき組織が，ポスト・トランスナショナル組織とならない場合には，本社にとっても，チャーターを持たないにも関わらず，自発性を発揮することを希望していた海外子会社にとっても，効率的に仕事を行えないという意味で望ましくない事態に直面する。このため，ポスト・トランスナショナル組織となるように努力することが望ましい。

　しかし，ポスト・トランスナショナル組織となることは，10-3節で述べたように，本社に自発性を抑制しようとする姿勢が存在するために，容易ではない[20]。海外子会社の増加している現在，ポスト・トランスナショナル組織となることができないために，十分な力を発揮できない企業グループの増加が危惧される。十分な力を発揮できない日本の企業グループが増加するならば，先進国や中進国の企業グループとの競争を勝ち抜くことが困難な日本の企業グループが多くなり，日本経済の活力低下が見られる可能性が存在することになる。

【注】

1) 本章において，海外子会社を適切に管理するということは，海外子会社が本社の存在を意識することなくビジネスを行える状況にあることとする。本社の方針は，海外子会社の行動に一定の枠をはめるものであるが，その枠を感じることなく海外子会社がビジネスを行うことができるのであれば，海外子会社の方針は本社の方針と一致していることを意味している。方針が一致していれば，細かい指示をいちいち与えることがなくても，海外子会社のとる行動は，本社が海外子会社に行ってほしい行動とな

り，その状態を適切に管理している状態と呼ぶ。
2) 浅川（2003）では，すべての企業がトランスナショナル組織となるべきとはいえないという研究が存在していることを指摘している。
3) 組織の中心が複数存在しているヘテラーキー（heterarchy）型の組織に注目した研究も存在している。ヘテラーキー型の組織であっても，トランスナショナル組織と同じ問題点が存在している。中心が複数存在していても，中心からの指示は中心の視点に基づいて行われるという問題点である。
4) トランスナショナル組織における双方向的なグローバル調整と，ポスト・トランスナショナル組織における海外子会社の認識するケイパビリティや意欲を考慮することの相違は，調整可能な程度である。双方向的なグローバル調整では小さな調整を想定しており，販売子会社の製造に関する機能を持ちたいという希望は，本社の国際経営戦略に関わることへの希望なので，調整対象ではなく，調整は行われないと考えることができる。それに対して，意欲などを考慮する場合には，本社の国際経営戦略に関わることへの希望であっても，調整・検討対象である。
5) 桑田・田尾（1998）7章において，官僚システムでは機械の一部品であることを強要されるとして，モラールの低下をできるだけ少なくするために，組織論では自己管理の組織を重視していることを指摘している。その上で，目標やそれに至る手続きや手段の採用について，現場の意見を尊重し，決定自体を委ねることを述べている。したがって，組織論における自己管理の組織と，本章におけるポスト・トランスナショナル組織には類似した部分がある。
6) 組織と呼んではいるが，特定の組織構造を持つわけではない。組織構造とは，作業活動を統制・調整する管理機構のことであり，職能別組織，事業部制組織，持株会社，マトリックス組織などが代表的な組織構造である。
7) すでに，トランスナショナル組織の次に出現すべき新たな革新モデルとして，メタナショナル企業なども議論されてはいるが，メタナショナル企業などを提唱する研究者の関心を持つ領域と，本章において関心を持つ領域には違いがある。
8) 例えば，天野・新宅・中川・大木編（2015）などでは，さまざまな企業の海外子会社が，現地の状況に対応した行動をとったことが紹介されている。このため，対応した行動をとらなかった海外子会社への関心が低くなり，海外子会社の自発性の重要性を認識することが困難となっている。
9) 多くのグローバル組織では，海外子会社の自由裁量の程度は低い。それにも関わらず，自発性を発揮する海外子会社が存在すれば，そのような海外子会社社長を更迭す

ることが予想される。そのことを理解しているため，海外子会社は自発性を発揮しないと考えることができる。つまり，グローバル組織の多くは，海外子会社の自発性を許容する程度が低く，海外子会社の自発性の程度が低いという特徴を持つと考えることができる。

10) 井口（1999）では，本社に縄張り意識の存在していることから，権限委譲がすすまないことを指摘している。金（2015）では，海外拠点において開発機能が育成されにくい原因として，本社エンジニアの心理的抵抗に注目した研究を行っている。利潤最大化に寄与するならば，寄与するような行動を企業は歓迎すべきであり，歓迎しているはずであるという考え方に再考をせまる研究は，徐々に増加しつつある。

11) リスク下における自発性発揮に対する海外子会社（社長）の姿勢についても，検討することが望まれる。

12) 堀（2000）によれば，台湾松下電器の技術開発をサポートしてくれた本社事業部とともに，台湾松下電器の技術開発に非協力的な態度をとりながら，取得した特許は本社事業部への移管を強く要請した事業部も存在していた。

13) 本社社長が本社での運営をスムーズに行うことを重視しているなら，上下意識を持つことから反発している社員の数が2割〜3割程度であったとしても，強い反発のある方針を実行することについては，躊躇することが予想される。

14) 野球部に監督は必要ないという考え方も可能である。つまり，野球部では，野球部員が野球を楽しめばよいのであり，監督のための野球部という考え方は，適切でないという考え方である。野球部員が10人や15人程度であれば，監督は必要なく，部員達の合議によって，楽しむための野球は可能である。しかし，楽しむための野球であっても，100人以上野球部員がいる場合には，グランドで練習できる人数の制約を考慮すれば，野球部を組織として統括する必要があり，監督が必要となる。

15) 野球部監督は試合に勝利するために指示を出しており，試合に勝利することを望んでいる野球部員がその指示にしたがわないことは非合理的である。したがって，そのような非合理的な行動は見られないはずである。しかし，現実にはそのような非合理的な行動が，見られる可能性はあると考えている。

16) 本社の指示にしたがわない海外子会社は非合理的である。したがわない海外子会社社長は更迭されるため，そのような非合理的な行動は見られないはずである。しかし，現実にはそのような非合理的な行動が，一時的には見られる可能性があると考えている。

17) 一般に，社員数が100人程度を超えると，社長が個々の社員の状況を理解した上で

の指示が困難となり，社員にとっても，社長の人柄や人間としての魅力ゆえに，社長の指示にしたがうということが困難となる。
18) 更迭理由として公式に示されているのは，業績不振である。本社の認識，いいかえれば，本社の意向に反したことは，更迭理由とはしていない。
19) チャーターとともに予算等の「経営資源」を付与する必要と，規模の経済性への考慮の必要があるため，チャーターを与える海外子会社は少数にとどめる必要がある。
20) ポスト・トランスナショナル組織をつくり出すことへの障害としては，10－3節で述べたように，本社には海外子会社に対する上下意識が存在していることである。上下意識の存在している企業グループにおいて，海外子会社が新製品開発のチャーターを持っており，自発性を発揮して新製品を開発したとしても，本社から無視される可能性がある。

　例えば，浅川（2011）はNIH（not-invented-here）症候群という言葉が存在していることを紹介している。新製品開発のチャーターを持っている場合であっても，海外子会社の開発した新製品は本社の開発した新製品でないという理由だけで，本社は受け付けないかもしれない。ましてや，新製品開発のチャーターを持っていない場合には，企業グループの業績を改善する可能性が高いとしても，チャーターを持っていないことを理由として，新製品を開発した海外子会社社長の更迭を決める可能性が存在する。

　NIH症候群はさまざまな企業で見られる。8章で紹介したゼロックス・コーポレーションにおいても見られたと，吉原（1992）p.123に述べられている。日本で開発されたゼロックス3500をアメリカに輸入しなかった理由の1つは，NIH症候群であるとされている。NIH症候群の存在は，ポスト・トランスナショナル組織となることを困難なものとしている。

第11章

今後の課題

　「海外孫会社」が予想以上に多く存在していることや，アジアと欧米では「海外孫会社」比率に差異が存在する事実を明らかにしたことなどが，本書による国際経済研究における寄与である。最も大きな寄与は，「海外孫会社」には多くの探求すべき課題が存在していることを明らかにしたことである。

　国際経済学や国際経営学において，海外孫会社に関心が向けられることはほとんどなかったために，海外孫会社に関する研究蓄積はほとんど存在していない。このため，海外孫会社には多くの探求すべき課題が存在していることが知られていなかった。この課題の存在を明らかにしたことが，本書の成果である。

　海外孫会社に関する研究蓄積がほとんど存在していなかった理由としては，これまで海外子会社が少なかったために，必然的に，海外孫会社の数が限られていたからである。また，海外孫会社に指示を与えるチャーターを本社が持つのか，海外子会社が持つのかによって，海外孫会社の行動は影響を受けるということが[1]，十分には理解されてこなかったことも原因の一つである。

　1980年代半ば以降，海外現地法人の増加に伴って，海外孫会社，海外曾孫会社なども多く見られるようになってきた。海外孫会社の増加の持つ意味や増加による影響についても，検討が必要である。例えば，海外孫会社を管理するためには，海外子会社という余分な管理階層が必要となり，余分な管理階層は企業グループの経営効率を低下させる可能性を持つ。それにも関わらず，海外孫会社，海外曾孫会社などが多く設立されるようになった理由を明らかにしたいと考えたことが，本研究の契機である。

海外孫会社設立について検討するために，まず，「海外子会社」と「海外孫会社」の実態を明らかにしようとした。「2014総覧」に基づいて実態について調べた結果は，第3章～第7章において示した。そして，調査の過程において明らかとなった課題は第3部に示した。しかし，第3部に示した課題は，第3章～第7章に関連した課題である。

第3章～第7章にはおさまりきれない課題が，いくつか存在している。例えば，説明困難な出資関係となっている海外現地法人や，ペーパー・カンパニーの位置づけや，与えられたチャーターから逸脱して，自発性を発揮する海外子会社がどの程度存在しているかなどである。

統括を事業内容としているテキサス州「海外子会社」が，統括を事業内容としているデラウェア州「海外孫会社」に出資し，デラウェア州「海外孫会社」がドイツ曾孫会社に出資している事例が存在していた。

ドイツの海外現地法人を統括するのに，大陸をまたいで，なぜアメリカの「海外孫会社」を利用するのか，テキサス州「海外子会社」だけでなく，デラウェア州「海外孫会社」をも利用する理由は何なのかの探究は，今後の課題である。

統括を事業目的として挙げているにも関わらず，資本金や従業員数が少ない「海外子会社」が存在していた。いわゆる，ペーパー・カンパニーと見ることのできる海外現地法人をどのように位置付けるのかを明らかにすることも，今後の課題である。

水戸（2014）において，デラウェア州海外子会社がニューヨーク海外孫会社などを設立するケースが少ないことを明らかにした。しかし，その理由を十分には明らかにできなかったことから，2014年3月下旬に駐在地にて，商社のビジネスマンへのインタビュー（非構造化面接[2]）を行った。インタビューを行う以前は，アメリカのデラウェア州でのペーパー・カンパニー設立費用・維持費用は低いと考えていた[3]。しかし，商社のビジネスマンはペーパー・カンパニーの維持費用は，100万円～1,000万円であり，そのように考えるべき根

拠を示した。維持費用が100万円〜1,000万円と幅があるのは，業務量によって相違するからとのことであった。

ペーパー・カンパニー維持費用が100万円〜1,000万円であるのなら，デラウェア州にペーパー・カンパニーを設立しない日本企業が多く存在することを説明することは可能である。商社のビジネスマンとのインタビューによって，ペーパー・カンパニーに関する分析が重要であることを認識するようになった。さらに資料を集めた上で，分析を行っていきたい。

2015年10月下旬，日本国内にて，近日中に海外子会社の現地責任者となる予定であるIT関連業界のビジネスマンへのインタビュー（非構造化面接）を行った。自発性を発揮する海外子会社の存在していることは明らかにしたが，どの程度存在しているのかについては，情報を持っていないことから，何らかの情報を得たいと考えたからである。

IT関連業界のビジネスマンは，香港における知人の関係した事例を挙げて，IT関連業界や飲食業界では，与えられたチャーターから逸脱して，自発性を発揮することはありえることであると見ていた。そして，自発性を発揮しないのは大手製造業の話しであり，IT関連業界や飲食業界では一定程度存在しているという認識を持っていた。

また，40億円の設備投資を独断で行った台湾TDK事例についても，台湾TDK責任者は取ることのできるリスクを取っただけであり，海外であれ，国内であれ，取ることのできるリスクを取るということを，特異な例とは見ていないようであった。

IT関連業界のビジネスマンとのインタビューによって，与えられたチャーターから逸脱して，自発性を発揮する海外子会社は，一定程度存在する可能性があると認識するようになった。一定程度存在するのであれば，海外子会社の意思決定や海外孫会社の特徴に関心を持つことの意義はさらに高くなる。海外子会社社長がどのようなことを考えて自発性を発揮するのかは，探究するべき課題である[4]。資料を集めた上で，さらに研究を進めていきたい。

【注】

1）本社は海外子会社に対する管理責任を持つとともに，最も大きな影響を与える。それに対して，本社は海外孫会社に対して間接的な管理責任を持つにすぎず，海外孫会社の行動に最も大きな影響を与えるのは，海外子会社である。
2）あらかじめ用意している質問を，用意した順序で行うものは構造化面接，途中で質問を足したり，質問の順序を変更したりする場合は半構造面接，大きなテーマや目的のみを設定していて，被面接者に自由に語ってもらうものが非構造化面接である。
3）日本貿易振興機構のホームページの「デラウェア州での会社設立手続き：米国」によれば（https://www.jetro.go.jp/world/qa/04J-010008.html：閲覧日2015年11月2日），デラウェア州での設立申請の基本料金は89ドル，年次報告書（Annual Report）の提出料は50ドルと記載されていることから，デラウェア州での会社設立費用・維持費用は低いと考えていた。
4）探究する際に，「取ることのできるリスク」や，佐高信（2010）が示した「逆命利君」などに注目したい。

参考文献

Aharoni, Y., *The Foreign Investment Decision Process*, Harvard Business School of Business Administration, 1966.（小林　進訳『海外投資の意思決定』小川出版，1971年）

天野倫文・新宅純二郎・中川功一・大木清弘編『新興国市場戦略論　拡大する中間市場へ・日本企業の新戦略』有斐閣，2015年。

浅川和宏『マネジメントテキスト　グローバル経営入門』日本経済新聞社，2003年。

浅川和宏『グローバルR&Dマネジメント』慶応義塾大学出版会，2011年。

Bartlett, C. A. and Ghoshal, S. *Managing across borders: The transnational solution.* Boston: Harvard Business School Press., 1989.（吉原英樹監訳『地球市場時代の企業戦略：トランスナショナル・マネジメントの構築』日本経済新聞社，1990年）

Birkinshaw, J. M. and Fry, J. N. "Subsidiary Initiatives to Develop New Markets," *Sloan Management Review*, Vol. 58, Fall, pp. 20-35.（グプタ・ウエストニー編著　諸上茂登監訳『スマート・グローバリゼーション』同文舘出版，2005年）

Birkinshaw J. and N. Hood (1998) 'Multinational Subsidiary Evolution: Capability and Charter Change in Foreign-Owned Subsidiary Companeis', *Academy of Management Review* Vol. 23, No. 4, pp. 773-795.

Buckley, P. J. and M. Casson, *The Future of the Multinational Enterprise*, London: Macmillan, 1976.（清水隆雄訳『多国籍企業の将来（第2版）』文眞堂，1993年）

Dunning, J. H. "Explaining Changing Patterns of International Production: In Defense of the Eclectic Theory", *Oxford Bulletin of Economics & Statistics*, Nov., pp. 269-295, 1979.

Franko, L., *The European Multinationals: A Renewed Challenge to American and British Big Business.* Stanford, Conn: Greylock., 1976.

藤井厳喜『アングラマネー　タックスヘイブンから見た世界経済入門』幻冬舎，2013年。

藤井　耐・松崎和久編著『日本企業のグループ経営と学習』同文舘出版，2004年。

藤本隆宏『現場主義の競争戦略　次代への日本産業論』新潮社，2013年。

藤野哲也『グローバリゼーションの進展と連結経営　東南アジアから世界への視点』文

眞堂,1998 年。

藤野哲也『日本企業における連結経営―21 世紀の子会社政策・所有政策―』税務経理協会,2007 年。

藤澤武史「研究開発管理」藤澤武史・伊田昌弘編『新多国籍企業経営管理論』文眞堂,2015 年。

長谷川 礼編『シリーズ国際ビジネス＜ 2 ＞国際ビジネス理論』中央経済社,2008 年。

長谷川 礼『多国籍企業における在日子会社の役割と進化』大東文化大学経営研究所,大東文化大学経営研究所研究叢書 27,2009 年。

Heenan, D. A. and H. V. Perlmutter, *Multinational Organization Development*, Addison-Wesley, 1979.(江夏健一・奥村皓一監修,国際ビジネス研究センター訳『グローバル組織開発―企業・都市・地域社会・大学の国際化を考える―』文眞堂,1990 年)

Hymer, S. H., The International Operations of National Firms : A Study of Direct Foreign Investment. Cambridge, Mass : MIT Press. 1960 (published in 1976).(宮崎義一編訳『多国籍企業論』第 1 部所収,岩波書店,1979 年)

井口嘉則「グループ戦略本社の機能」井口嘉則・三浦克人『グループ連結経営戦略テキスト―親会社主義を脱しグループ企業価値創造を―』日本能率協会マネジメントセンター,1999 年。

今西伸二『事業部制の解明―企業成長と経営組織―』マネジメント社,1988 年。

井上詔三「ヒアリングとデータに見る日本人グローバル・マネジャーの特徴」白木三秀編『グローバル・マネジャーの育成と評価』早稲田大学出版部,2014 年。

石田英夫『国際経営とホワイトカラー』中央経済社,1999 年。

伊藤嘉博編著『企業のグローバル化と管理会計』中央経済社,1995 年。

岩淵吉秀「グローバル組織の経営戦略と会計」吉田 寛・柴 健次編『グローバル経営会計論』税務経理協会,1997 年。

Jarillo, J. and L. Martinez, "Different Roles for Subsidiaries : The Case of Multinational Corporations in Spain," *Strategic Management Journal*, 11 : 501-512, 1990.

加本 亘『国際タックスプランニングの実務』中央経済社,2014 年。

片山善行『海外事業展開における税務戦略』中央経済社,1998 年。

川邊信雄『タイトヨタの経営史海外子会社の自立と途上国産業の自立』有斐閣,2011 年。

経済企画庁調査局編『アジア経済 2000』大蔵省印刷局,2000 年。

経済産業省大臣官房調査統計グループ・経済産業省貿易経済協力局編『第 44 回 我が

国企業の海外事業活動　平成26年海外事業活動基本調査（平成25年度実績）』経済産業統計協会，2015年。

経済産業省経済産業政策局調査統計部・経済産業省貿易経済協力局編『第40回 我が国企業の海外事業活動　平成22年海外事業活動基本調査（平成21年度実績）』経済産業統計協会，2012年。

金　熙珍『製品開発の現地化：デンソーに見る本社組織の変化と知識連携』有斐閣，2015年。

小島　清『日本の海外直接投資』文眞堂，1985年。

小島　清『海外直接投資のマクロ分析』文眞堂，1989年。

小宮隆太郎「直接投資の理論」住田　智・小宮隆太郎・渡辺　康編『多国籍企業の実態』日本経済新聞社，1972年。

小宮隆太郎『現代日本経済：マクロ的展開と国際経済関係』東京大学出版会，1988年。

桑田耕太郎・田尾雅夫『組織論』有斐閣，1998年。

松川佳洋「海外子会社のローカル環境要因と親会社の役割―バーキンショウ理論を視座としたマレーシア松下のケース分析―」多国籍企業学会『多国籍研究』第6号，2013年。

松崎和久『トライアド経営の論理』同文舘出版，2005年。

松崎和久『グループ経営』同文舘出版，2013年。

水戸康夫『海外立地選択の行動経済学』創成社，2005年。

水戸康夫「「海外孫会社」の特徴」九州共立大学研究紀要，第2巻第2号，2012年。

水戸康夫「ヨーロッパにおける日系「海外孫会社」の特徴―『2012【国別編】海外進出企業総覧』に基づく分析―」九州共立大学研究紀要，第3巻第2号，2013年。

水戸康夫「アメリカにおける日系「海外孫会社」の特徴―『2013【国別編】海外進出総覧』に基づく分析―」九州共立大学研究紀要，第4巻第2号，2014年。

森　樹男『日本企業の地域戦略と組織―地域統括本社についての理論的・実証的研究―』文眞堂，2003年。

村上真呂『対米投資の国際税務戦略　資金コスト極小化の考え方とポイント』東洋経済新報社，1996年。

中垣　昇『日本企業の東アジア戦略―インタビュー・サーベイを通してみた日本企業―』中京大学企業研究所，2004年。

中川功一・林　正・多田和美・大木清弘『はじめての国際経営』有斐閣，2015年。

岡本久吉『日本における企業の分離・独立』東京リーガルマインド，2010年。

大木清弘『多国籍企業の量産知識　海外子会社の能力構築と本国量産活動のダイナミク

ス』有斐閣，2014 年。

折橋靖介『グローバル経営論』白桃書房，1997 年。

Rugman, A. M., *Inside the Multinationals*, Croom Helm, 1981.（江夏健一・中島潤・有澤孝義・藤沢武史訳『多国籍企業と内部化理論』ミネルヴァ書房，1983 年）

坂本和一・下谷政弘編著『現代日本の企業グループ』東洋経済新報社，1987 年。

佐高　信『新装版　逆名利君』講談社，2010 年。

瀬藤嶺二『日本企業の多国籍化過程』文眞堂，1995 年。

薛　軍『在中国の経営現地化問題—多国籍企業現地化論の再検討—』創成社，2010 年。

島田克美『概説海外直接投資』学文社，1999 年。

少徳健一監修，SCS Global 編，南里健太郎・中瀬和正『シンガポール進出企業の実務ガイド』中央経済社，2014 年。

Stopford John M. and Wells Louis T. Jr. (1972) '*Managing The Multinational Enterprise*', Basic Book Inc.（山崎　清訳『多国籍企業の組織と所有政策—グローバル構造を超えて—』ダイヤモンド社，1976 年）

椙山泰生『グローバル戦略の進化』有斐閣，2009 年。

多田和美『グローバル製品開発戦略—日本コカ・コーラの成功と日本ペプシコ社の撤退』有斐閣，2014 年。

田近栄治・渡辺智之編著『アジア投資からみた日本企業の課税』中央経済社，2007 年。

高橋浩夫『グローバル経営の組織戦略』同文舘出版，1991 年。

高橋浩夫『国際経営の組織と実際』同文舘出版，1998 年。

高橋浩夫『グローバル企業のトップマネジメント　本社の戦略的要件とグローバルリーダーの育成』白桃書房，2005 年。

高中公男『海外直接投資論』勁草書房，2001 年。

東洋経済新報社編『85' 海外進出企業総覧』東洋経済新報社，1985 年。

東洋経済新報社編『2012【国別編】海外進出企業総覧』東洋経済新報社，2012 年。

東洋経済新報社編『2013【国別編】海外進出企業総覧』東洋経済新報社，2013 年。

東洋経済新報社編『2014【国別編】海外進出企業総覧』東洋経済新報社，2014 年。

東洋経済新報社編『2015【国別編】海外進出企業総覧』東洋経済新報社，2015 年。

通商産業省産業政策局国際企業課編『第 24 回　我が国企業の海外事業活動』大蔵省印刷局，1995 年。

上埜　進編著『日本の多国籍企業の管理会計実務—郵便質問票調査からの知見—』税務経理協会，2007 年。

参考文献

Vernon, R., "*Sovereignty at Bay The Multinational Spread of U. S. Enterprises*", Basic Books, 1971.（鶴見芳浩訳『多国籍企業の新展開―追い詰められる国家主権―』ダイヤモンド社，1973 年）

山田英司監修，（株）日本総合研究所戦略マネジメントグループ編著『グループ経営力を高める本社マネジメント　低成長期の組織戦略』中央経済社，2010 年。

山口隆英『多国籍企業の組織能力―日本のマザー工場システム―』白桃書房，2006 年。

山本崇雄「多国籍企業経営者の態度・志向に関する理論」江夏健一・長谷川信次・長谷川　札編『シリーズ国際ビジネス〈2〉国際ビジネス理論』中央経済社，2008 年。

安室憲一『グローバル経営』千倉書房，1992 年。

安室憲一・（財）関西生産性本部編『現場イズムの海外経営―日本企業・13 のケーススタディー―』白桃書房，1997 年。

安室憲一『多国籍企業と地域経済―「埋め込み」の力―』御茶の水書房，2012 年。

吉原英樹『富士ゼロックスの奇跡』東洋経済新報社，1992 年。

吉原英樹編『日本企業の国際経営』同文舘出版，1992 年。

吉原英樹『国際経営』有斐閣，1997 年。

吉原英樹・林　吉郎・安室憲一『日本企業のグローバル経営』東洋経済新報社，1988 年。

税理士法人名南経営 NAC 国際会計グループ編『アジア統括会社の税務入門』中央経済社，2013 年。

インターネット

日本貿易機構（ジェトロ）http://www.jetro.go.jp/world/n_america/us/invest_09/　閲覧日 2013 年 5 月 23 日。

http://www.cas.go.jp/jp/seisaku/doushuu/kuwari/dai6/siryou3.pdf　閲覧日 2013 年 11 月 13 日

大木清弘『海外子会社の「進化」とその促進―経営学輪講 Birkinshaw and Hood (1998)―』赤門マネジメント・レビュー 7 巻 10 号，2008 年 10 月，pp. 757-771。

https://ja.wikipedia.org/wiki/%E5%B0%8F%E6%9E%97%E9%99%BD%E5%A4%AA%E9%83%8E　閲覧日 2015 年 9 月 14 日。

http://techon.nikkeibp.co.jp/members/01db/200306/1017567/?rt=nocnt　閲覧日 2014 年 9 月 23 日。

http://www.jetro.go.jp/world/japan/stats/fdi/　閲覧日 2015 年 11 月 20 日。

https://ja。wikipedia。org/wiki/小林陽太郎　閲覧日 2015 年 10 月 11 日。

索　引

A-Z

NIH（not-invented-here）
　症候群 ……………………140

ア

アジア金融危機 ……………35
1国2制度 ……………………33
大阪万博 ……………………115

カ

海外玄孫会社 ………………21
海外子会社の意思決定 … iii
海外子会社の管理 ………124
海外子会社の自発性 …… iv
海外曾孫会社 ………………21
外国子会社配当益金
　不算入制度 ………………22
監督のための野球部 …139
監督の取るべき責任 …132
技術移転 …………………117
技術者流出 ………………116
技術情報の機密保持 …99
狐の嫁入り …………………83
起動力 ………………………11
規模の経済性 ………………96
減価償却済みの機械 …91
減価償却済みの中古設備
　……………………………20
ゴーイング・コンサーン
　……………………………93
　——としての企業
　　グループ ………………133
　——としての野球部
　……………………………132
合成着色料問題 …………113
行動経済学 ………………107
コカ・コーラ第一主義
　……………………………111
国際税務戦略 ……………… iii

サ

資本労働比率 ………………95
奨学基金 …………………117
上下関係 …………………129
シンガポール地域統括
　会社 ………………………45
心理的抵抗 ………………139
垂直立ち上げ ………………10
スクリュー・ドライバー
　工場 ………………………16
成長への活路 ………………16
セカンド・ランク企業 …19
設備投資 …………………116
設備の大型化 ……………116
戦略的意思決定 ……………12
組織構造 …………………138
租税条約 ……………………45

タ

タックス・ヘイブン ……19
地域統括会社 ……………… iii
チクロ騒動 ………………113
中小企業による対外直接
　投資 ………………………4
直接投資元年 ………………16
賃金率 ………………………9
強い想い …………………116
強い絆 ……………………120
強い忌避感 ………………129
撤退 …………………………46
取引コスト …………………7
取ることのできるリスク …143

ナ

内部留保 ……………………96
縄張り意識 ………………139
南巡講話 ……………………25

ハ

破ビン事件 ………………113

反中感情 ……………………20
反日デモ ……………………20
非構造化面接 ……………142
秘密のプロジェクト ……97
プラザ合意 …………………18
フランチャイズ契約 …110
ペーパー・カンパニー …142
貿易摩擦 ……………………17
ポスト・トランスナショ
　ナル企業 ………………… iv
ボトラー …………………110
本社社長の取るべき責任
　……………………………134
本社と海外子会社の権限 …4
本社の意向 …………………1
本社の影響力 ………………80
本社の指示 ………………… iii
本社目線 …………………126

マ

メインバンク ……………107

ヤ

野球部という組織 ………131
輸出指向型工業化戦略 …46
輸出自主規制 ………………17
輸入代替工業化戦略 …16

ラ

利潤最大化 ………………107
リスク回避的 ………………93
リスク中立的な意思決定
　……………………………19
リトルリーグ ……………127
リーバイ・ストラウス
　ジャパン ………………121
リーマンショック ………35

ワ

ワンダラーブラウス事件
　……………………………20

《著者紹介》

水戸康夫（みと・やすお）
- 1959年　兵庫県尼崎市生まれ。
- 1982年　関西大学商学部商学科卒業
- 1990年　大阪府立大学経済学研究科博士課程単位取得
- 2001年　博士（経済学）：大阪府立大学
- 現　在　九州共立大学経済学部教授

主要著書

「シンガポール－都市国家のメリット」浅羽良昌編著『国際経済史－欧米とアジア』ミネルヴァ書房，1996年。
『日本企業の海外立地戦略』創成社，2000年。
『海外立地選択の行動経済学』創成社，2005年。
『海外進出リスク分析』創成社，2009年。

Eメール　mito@kyukyo-u.ac.jp

（検印省略）

2016年3月20日　初版発行　　　　　　　　　略称－海外子会社

海外子会社の意思決定
―グローバル化時代の海外戦略―

　　　著　者　水戸康夫
　　　発行者　塚田尚寛

発行所　東京都文京区春日2-13-1　株式会社　創　成　社

電　話　03（3868）3867　　FAX　03（5802）6802
出版部　03（3868）3857　　FAX　03（5802）6801
http://www.books-sosei.com　振　替　00150-9-191261

定価はカバーに表示してあります。

©2016 Yasuo Mito　　　組版：緑　舎　印刷：エーヴィスシステムズ
ISBN978-4-7944-2472-3 C3034　　製本：宮製本所
Printed in Japan　　　　落丁・乱丁本はお取り替えいたします。

―― 経営選書 ――

海外子会社の意思決定 ―グローバル化時代の海外戦略―	水戸　康夫	著	1,800円
海外進出リスク分析	水戸　康夫	著	2,000円
脱コモディティへのブランディング ―企業ミュージアム・情報倫理と「彫り込まれた」消費―	白石　弘幸	著	3,100円
やさしく学ぶ経営学	海野　　博 畑　　　隆	編著	2,600円
豊かに暮らし社会を支えるための 教養としてのビジネス入門	石毛　　宏	著	2,800円
テキスト経営・人事入門	宮下　　清	著	2,400円
東北地方と自動車産業 ―トヨタ国内第3の拠点をめぐって―	折橋　伸哉 目代　武史 村山　貴俊	編著	3,600円
おもてなしの経営学［実践編］ ―宮城のおかみが語るサービス経営の極意―	東北学院大学経営学部 おもてなし研究チーム みやぎ おかみ会	編著 協力	1,600円
おもてなしの経営学［理論編］ ―旅館経営への複合的アプローチ―	東北学院大学経営学部 おもてなし研究チーム	著	1,600円
おもてなしの経営学［震災編］ ―東日本大震災下で輝いたおもてなしの心―	東北学院大学経営学部 おもてなし研究チーム みやぎ おかみ会	編著 協力	1,600円
転職とキャリアの研究 ―組織間キャリア発達の観点から―	山本　　寛	著	3,200円
昇進の研究 ―キャリア・プラトー現象の観点から―	山本　　寛	著	3,200円
経営財務論	小山　明宏	著	3,000円
イノベーションと組織	首藤　禎史 伊藤　友章 平安山英成	訳	2,400円
経営情報システムとビジネスプロセス管理	大場　允晶 藤川　裕晃	編著	2,500円

（本体価格）

―― 創成社 ――